知识生产的原创基地
BASE FOR ORIGINAL CREATIVE CONTENT

颉腾商业
JIE TENG BUSINESS

领导的语言

与团队沟通的艺术

[美] 乔尔·施瓦茨伯格 ◎著
（Joel Schwartzberg）

王凌◎译

THE
LANGUAGE
OF
LEADERSHIP

HOW TO ENGAGE AND INSPIRE YOUR TEAM

中国广播影视出版社

图书在版编目（CIP）数据

领导的语言：与团队沟通的艺术 /（美）乔尔·施
瓦茨伯格著；王凌译 . -- 北京：中国广播影视出版社，
2023.6
　　ISBN 978-7-5043-9021-9

Ⅰ . ①领… Ⅱ . ①乔… ②王… Ⅲ . ①组织管理学
Ⅳ . ① C936
　　中国国家版本馆 CIP 数据核字 (2023) 第 085222 号

Title: THE LANGUAGE OF LEADERSHIP：HOW TO ENGAGE AND INSPIRE YOUR TEAM
By: Joel Schwartzberg
Copyright © 2021 by Joel Schwartzberg
Copyright licensed by Berrett-Koehler Publishers
arranged with Andrew Nurnberg Associates International Limited
Simplified Chinese edition copyright © 2023 by Beijing Jie Teng Culture Media Co., Ltd.
ALL RIGHTS RESERVED

北京市版权局著作权合同登记号 图字：01-2023-1838 号

领导的语言：与团队沟通的艺术

[美] 乔尔·施瓦茨伯格（Joel Schwartzberg）　著
王　凌　译

策　　划	颉腾文化	
责任编辑	余潜飞　邢秋萍	
责任校对	龚　晨	

出版发行	中国广播影视出版社	
电　　话	010-86093580　010-86093583	
社　　址	北京市西城区真武庙二条 9 号	
邮　　编	100045	
网　　址	www.crtp.com.cn	
电子信箱	crtp8@sina.com	

经　　销	全国各地新华书店	
印　　刷	文畅阁印刷有限公司	

开　　本	880 毫米 ×1230 毫米　1/32	
字　　数	82（千）字	
印　　张	6.125	
版　　次	2023 年 6 月第 1 版　2023 年 6 月第 1 次印刷	

书　　号	ISBN 978-7-5043-9021-9	
定　　价	59.00 元	

|目录|

三 | 因势利导：发掘并利用技术工具

四 情景研究：针对具体事件的策略

｜引言｜

无论你去哪儿，我都将跟随，去你让我去的任
何地方。如果你需要我陪着你，无论你去哪儿，
我都将跟随。

——卡罗尔·金（Carole King）

在网络上和书店中，从来不乏对企业领导力
的相关建议。

例如，我们都很清楚，伟大的领导者会在最后一
个吃饭，会敢于向前迈出一步，也勇于打破条条框框，
敢于领导他人，而且为人非常坦率。我们也知道，他
们非常了解自己的下属、有着强大的驱动力并坚守自
己的原则。对某些人来说，领导力可以归结为一个名
字——史蒂夫·乔布斯（Steve Jobs）。

我们还知道，受人尊敬的领导者具有的特质包括：
同理心、乐观的心态、深刻的见识、灵敏的反应、真

诚的态度，以及乐于助人、充满自信、为人处事谦逊，等等。还有许许多多别的褒义的形容词，可以用来描述伟大的领导者是什么样子的、他们会如何为人处事。

然而，请认真思考一下：对一个领导者而言，具备同理心、积极乐观、富有远见、反应灵敏、诚实可靠、乐于助人、充满自信和为人处事谦逊这些他们自身所具有的优秀品质是一回事，但如何将这些优秀品质传递给团队成员又是另外一回事。所以，领导者该如何将自己身上的这些优秀品质传递给团队成员呢？他们是会选择画画的方式，还是和大家一起跳交谊舞，抑或是运用心灵感应呢？

统统不是。领导者会用说话和写作的方式，将自己身上的这些优秀品质传递给团队成员。他们会与团队成员进行沟通。

领导者通过沟通给团队成员留下印象，这一点至关重要。通常来说，领导者的话语是其内部团队成员用来评估领导者的首要也是最具影响力的证据。同样，这也是领导者在团队中奠定信心、彰显能力和做出承诺的最有力手段。

在我的职业生涯中，包括在尼克罗迪恩儿童电视频道（Nickelodeon）、时代公司（Time Inc.）和美国公共电视台（PBS）的任职期间，我最钦佩的领导者是那些能找到恰当的语言来表达自己想法，能运用恰当的语言吸引到我的注意力、赢得我的信任、激励我努力工作，并且让我想继续留在这个工作岗位上的高管们，不管这些话是他们事先准备好的，还是不由自主脱口而出的。

并不只是我一个人有这种想法。在2019年4月，一项由战略咨询公司Brunswick集团开展的调查显示，对93%的美国员工而言，"直截了当、坦率直言的领导力"是他们选择继续效力的"非常重要"或"有些重要"的理由。其中，认为"非常重要"的员工占57%，认为"有些重要"的员工占36%。

在此次调查工作中，"直截了当、坦率直言的领导力"这个选项的得分明显高于调查表上其他重要因素的得分，其他选项包括"你所认可和尊重的领导力""公司的地位及前景"以及"你工作的意义"。事实上，就员工选择继续效力的各种因素而言，只有

"薪酬"和"员工福利"会比"直截了当、坦率直言的领导力"更重要。

由于员工对领导力的认知主要来自领导者的语言，因此，大到演讲和视频，小到电子邮件和会议，用有效的语言来吸引和激励团队成员的能力是成功发挥领导力的关键。即使团队中有挑剔的董事会成员、焦虑的股东和需要处理的关键问题，领导者的首要任务还是通过语言来领导大家。领导者沟通有效，便会得到提拔；要是沟通无效，就会被免除职务。

领导力的展现不仅是你所使用的语言，还涉及你为成功获得沟通机会而采取的哲学方法和战略技巧，包括询问自己有关目标的重要问题，知道其中应该包括什么、排除什么，以及采取经过深思熟虑的措施，不仅要做到和团队成员分享你的想法，而且要让他们认可你的想法。

这本书包含了我所见证过的、学习过的、实验过的和教授过的最有价值的领导沟通理念，以帮助领导者参与到团队工作之中，并激励团队成员努力工作。此外，在书中我还尽可能多地涵盖了在各种平台上、各种场景下和各种事件中的沟通案例和方法，大到危机公关和公司重组，小到个人视频和 Zoom 会议。

最终我希望，无论你领导的是《财富》世界 500 强企业，还是顶尖的营销团队，抑或是小型非营利性质的委员会，这些建议都能帮助提升你在公司员工、项目客户、团队成员以及那些追随者中的影响力。那么，你要去沟通哪些内容，又该如何进行有效的沟通呢？我们先从转变思维方式谈起。

三思而言

培养领导者的
沟通模式

百分之九十的领导力是传达人们想要的东西的本领。

——黛安娜·范斯坦（Dianne Feinstein）

运用富含领导力的语言应始于头脑，而非言说或借助键盘打字。第一章将帮助你学习如何在头脑中构建出有意义的观点。

内容不是一切

我的一些高管客户以及许多网络文章坚信"有用的信息"是有效领导的关键。

这些领导者可能会这么做：

▶ 只念幻灯片上的文字，但不解释这些文字，也不会举例说明；

▶ 罗列一些数据，但不阐述这些数据的具体意义；

▶ 对构思的项目进行描述，却不讲明其潜在影响；

▶ 分享自己的理念，但不思考如何才能让别人认可它。

他们这么做可能是觉得内容本身才具有实质性和影响力，所以不必太在意传递内容的方式。这其实是一种偏见。因为仅仅专注于内容本身，很少能使听者受到启发。

所以回想你上次是如何受到启发的。是通过几个段落，还是一个观点？是通过内容，还是通过承诺？是通过内容中的细节，还是承诺中的奉献精神？是通过一本书的目录，还是通过它的简介？

前者会让你对内容有大致了解，后者则会让你得到启发。

我不是说信息没有价值，它确确实实具有教育和阐释的作用，也能提供必要的背景和通过最新报道来辅助理解。信息具有通知这一功能，但它通常不具有启发作用。如果它真的能启发观众，也是因为观众充分意识到了内容的价值及其深层含义。

有明确的目的或表达某个愿景时，信息才会变得令人振奋。

举例来说明这样的关系：

▶ "这些统计数据给我们在第四季度应该攻克哪里指明了方向。"

信息类内容： 统计数据。

启发类内容： 统计数据的影响。

▶ "这三种策略将使我们的组织变得更加多样和包容。"

信息类内容： 三种策略。

启发类内容： 采用这三种策略的结果。

▶ "了解我们的组织是如何开始的，可以为我们的后续方向提供最好的线索。"

信息类内容： 我们组织的历史。

启发类内容： 我们从历史中总结出的有益经验。

劳丽·施洛夫（Laurie Schloff）既是一名作家，

也是一位高管沟通教练，贝恩资本（Bain Capital）、美国富达投资（Fidelity Investments）和好事达保险（Allstate）都是她的客户。她依靠出色的沟通技巧帮助客户将知识和灵感结合起来。

劳丽告诉我，她的一位客户倾向于关注与其产品成分有关的事实、研究和统计数据，他们觉得这些很有趣，但其潜在客户觉得乏味极了。经过劳丽的指导，这些高管将他们与客户交流的重点从仅仅对产品各方面的客观描述，转移到产品是否健康、能否带来价值，以及对环境的影响这些客户关注的问题上来。这一改变极大地引起了客户的兴趣，线上销售的业绩显著增长。

需要记住的一点是，尽管主题专家有资格分享内容，但是只有领导者才能通过亲切而简洁的语言来明确情境、目的和动力，表达希望、愿景和感激，阐述影响、抱负和同理心。领导者通过解释这么做的原因，可以有效激励团队工作。

动态二重奏：目标和权力

对高层沟通来说，有两种行之有效的力量：一个是目标（purpose），另一个是权力（power）。我称之为"力量"（force），是因为它们的价值在于"效力"。

目标为一个想法赋予价值，并能提供令人信服的理由来说明为什么要践行该想法。因为目标给了团队一个有意义的理由，并激励团队成员做出承诺，以此鼓舞人心。

目标常常出现在与目的和策略有关的话语中，经常被称为"为什么"。

以下是三个目标驱动的例子：

▶ "数据表明，加大宣传力度会使我们超过去年的营收预期。"

▶ "采用这一策略能够让我们以一种全新的方式来保护儿童。"

▶ "该产品会使人们每年节省数千美元，从而过上更健康的生活。"

帕鲁·阿加瓦尔（Parul Agarwal）是一名高管培训师，她的客户包括摩根·刘易斯律师事务所（Morgan Lewis & Bockius LLP）和德勤（Deloitte）的高管。她说，定期传达目标的高管可以激励团队从更具战略性的角度进行自我反思。

她还告诉我："如果领导能成功地将目标融入其团队的基因中，那他的员工不仅会关心日常工作，还会成为目标驱动的拥护者。"

权力是指领导者对承诺的感知强度，它能抓住并保持住团队的注意力，所以至关重要。

权力通过领导者传达信息时的自信度、可信度、权威度和能力来体现，通常也被称为风度。

需要明确的是，权力并不意味着要领导者处于攻击性或支配性地位，也不是某种性别所特有的特权。权力仅仅意味着要领导者支持自己的主张。领导者可以如同向员工表明自己的责任感和雄心壮志一样，有力地传达出对员工的善意和同理心。

如果在说出以下这些词语的时候提高音量，并强调这些词语，那么话语的权力将会得到增强：

承诺	同情
善良	提升
愿景	影响
提议	授权
至关重要的	启用
投资	目标
激励	一起
现在	同理心

在演讲中彰显自己的权力需要消耗大量精力，演讲结束后可能会因此而精疲力尽。如果你感觉累了就吃块糖、喝点咖啡，或者洗把脸清醒一下。没办法，不论信息有多重要，不去吆喝它，听者就接收不到。

✔ **快速提示**

为了能更好地发挥目标和权力的力量，在同团队成员讲话之前，先问问自己以下几个问题，如果你都不知道问题的答案，那就先不要和团队沟通。

目标：这次沟通的目的是什么，我表达得清楚吗？

目标：如果这次沟通十分有效，那我希望我的团队怎么改弦更张呢？这一点我能说清楚吗？

权力：我只是在向团队成员描述这个想法（并且希望大家都同意它），还是在想方设法让我的团队成员认可这个想法（并且讲出有说服力的观点）？

权力：对我的观点或建议，我能不能传达出自信的承诺？（关于这一点，你可能要在排练中征求信任的同事的反馈，从而评估自己的权力是否有效。）

让你讲述的观点变得重要

我在之前一本书《说到点子上！直奔主题，一击必胜的高效沟通手册》（*Get to the Point! Sharpen Your Message and Make Your Words Matter*）中写道："要先

去讲明一个合理的观点，再用例证去强化它，最后坚定不移地支持它，这是进行有效沟通的关键。"许多演讲者会通过混淆话题、主题和标题的方式来讲述他们的观点，但是这样做会使其沟通变得毫无意义。尤其对那些依靠向团队成员提供清晰且令人信服的事例而获得成功的领导者来说，有效传达真正的观点是重中之重。

话题与观点之间的区别

分享某一个话题和传达某一个观点之间的区别在于，前者仅仅是抛出一个概念供大家考虑是否可推行（如"让我们讨论一个主题"），而后者则是在说服他人认可和采纳这个方案或建议（如"我相信这是最佳方法"）。强大的领导者不会随随便便透露他们的想法，然后希望能得到众人的推崇。他们会为自己的主张辩护，并且通过建立共识来让大家认可自己的想法。

为了验证你的想法是否合理，我建议你做一项练习，这个练习我称之为"我相信"测试（"I Believe That" Test）。就是将"我相信"（I Believe That）这个短语加在你将要进行的演说或者演讲中的观点前面，无论要陈述的观点是多么的简短或者多么的不正式。如果添加了"我相信"这个短语之后，新组成的这个句子基本不需要改动，语法就是正确的，而且语意也是完整的，那么你就找到了强有力地表达自己观点的方法了。如果新形成的句子语法不正确，或者不是一个完整的句子，那么，你需要做的是将其重新构思成一个没有错误的完整句子。

举几个不能称为观点的例子：

▶ "品牌播客。"

▶ "真实的重要性。"

▶ "我们新建立的培训与发展部门将在未来为我们做些什么。"

它们不能被称为真正的观点，因为加上"我相信"这个短语后，并不能构成一个没有语法错误的完整句子：

▶ "我相信品牌播客。"

▶ "我相信真实的重要性。"

► "我相信我们新建立的培训与发展部门将在未来为我们做些什么。"

下面举的几个例子，加上"我相信"后，都是语法正确的完整句子，这几个例子就可以称为"观点"：

► "我相信，品牌播客会将我们的品牌推荐给新的用户。"
► "我相信，真实性对于建立彼此之间的信任是至关重要的。"
► "我相信，我们对培训与发展部门做出的新承诺将提升员工的技能和积极性。"

现在删除这几个句子中的"我相信"：

► "品牌播客会将我们的品牌推荐给新的用户。"
► "真实性对于建立彼此之间的信任是至关重要的。"
► "我们对培训与发展部门做出的新承诺将提升员工的技能和积极性。"

这项"我相信"测试能帮助你提出真正的观点，至于如何论证以支持这个观点，这就是你要花心思去做的了。

以对人而非对事的影响来结束某一观点

这几年，我一直在帮助客户强化、提升他们的观点表达。从客户表达的观点中，我发现了一个特点。那就是，几乎所有最鼓舞人心的观点往往都是以对人或对社会（生物）的影响而结束，而不是以对地点和对事物（非生物）的影响而结束的。

以下是三个例子：

► 药物方面的创新给公司增加了收入，使网站的流量翻了两番，公司也因此开设了更多的办公室，但是这些给公司内部或外部带来的影响，都比不上医药创新能挽救更多的生命这一点鼓舞人心。

► 一个环保组织倡导的新清洁能源运动极大程度地增加了捐款数额，一个电视节目因此得到启发，赢得名流巨星纷纷捧场参与节目，但这些影响都不如将地球变为一个更可持续发展的星球这一想法更能激励团队。

► 当一个公共电视节目收到一笔可观的拨款时，它用这笔钱雇用了更多的人员进行事实核查，节目制作中植入了更复杂的特效，同时进行了国际调查来丰富节目表现，但最重要的作用是使人们更好地了解现今发生的事情。

请记住这一点，将领导沟通的重点放在改善人们生活之类的影响上，无论是团队中的人们、组织中的成员、城市中的百姓还是世界各地的民众，阐明这些与人类利益相关的结果，不啻为激励团队成员的最佳契机。

在 2018 年毕业典礼演讲中的观点

我认为，2018 年可以称得上是出色的毕业典礼演讲层出不穷的一年，其中有许多演讲提供了有用的借鉴模板，可以用来打磨你想传达的信息中的重要观点。

我摘录了五篇演讲稿，来展示演讲者是如何使其观点清晰明了、充满说服力的。你可能不太同意他们的观点，不过，我确信他们都对其进行了有效的表述和传达，因为我在这几篇演讲稿中非常轻松地发现了这些观点，并把它们都提取了出来。

当你阅读以下五篇演讲稿节选（或亲身聆听某一个演讲）的时候，请务必注意：不管其他演讲者的沟通风格给你留下了多么深刻的印象，都不要试图去模仿他们。你的目标并不是像米歇尔·奥巴马或史蒂夫·乔布斯那样出口成章。换句话说，谁都不能和他们一模一样地去沟通、交流。作为一名领导者和沟通者，你就是独一无二的，因此，你的目标是让自己在他人眼里是一个最坚定不移、最具力量的人。

节选自奇玛曼达·恩戈齐·阿迪奇埃（Chimamanda Ngozi Adichie）在哈佛大学的演讲

最重要的是，不要撒谎。我在尼日利亚长大，经历了多年的军事独裁统治和早期民主化进程。而美国总是让人觉得很有希望，即便政界又闹出什么荒谬之事，我们都会说："这样的荒谬之事永远不会在美国发生。"但是现如今，在美国的政治话语中竟然也有一些荒谬之极的问题。例如，"我们应该称谎言为谎言吗？谎言什么时候才是谎言？"所以，我亲爱的2018届毕业生们，我们必须要保护真相、珍视真相，这种迫切感从未像今天一样强烈。

观点：保护真相、珍视真相对民主至关重要。

解析：恩戈齐用独特的个人经历来说明她的观点，增强了其观点的价值，这样做很好。

节选自贾斯廷·特鲁多（Justin Trudeau）在纽约大学的演讲

我觉得，我们可以制定更高一点的目标，而不仅仅是容忍……在说"我能容忍你"的时候，实际上表达的意思是："噢！好吧，我勉勉强强承认你生而为人的权利，只不过别来招惹我。"让我们尝试一些别的东西，如接纳、彼此尊重、建立友谊，甚至还有爱。为什么说这很重要呢？因为在我们渴望出人头地的过程中，在我们呵护自己家人的过程中，在我们渴望为这个世界做出贡献、想要把这个世界变得更美好的过程中，尽管我们之间存在着分歧，但是从本质上讲，我们都是一样的。

观点： 尊重彼此，而不仅仅是相互容忍，这对我们而言是至关重要的。

解析： 请留意特鲁多是如何使用"为什么说这很重要呢？"这句话来抓住观众的注意力，使之关注他正在表达的观点的。在本书第二章，我们将学习如何吸引观众的注意力，届时会有更多的例子。

节选自阿比·瓦姆巴赫（Abby Wambach）在巴纳德学院的演讲

每个球员在去训练场之前看到的最后一个东西，是贴在大门旁边的那张照片。你们可能会猜测，这张照片是他们最后一次大获全胜的照片或者是他们站在领奖台上接受金牌的照片。然而都不是。这张照片上，是挪威国家队，也就是他们长期的竞争对手在1995年世界杯上击败美国队后庆祝胜利的照片。在那间更衣室里，我学到了一课，那就是在以后的日子中，为了成为最好的自己，我需要让失败的感受和失败的经验教训转变为自己前进道路上的动力。我曾经的失败是我前进的燃料，我前进的燃料就是我变强的力量。

观点：如果你用失败来激励自己，那么失败可以成为你通往成功的有力工具。

解析：瓦姆巴赫的个人故事围绕着一张挪威国家队的照片展开。她的故事通过强调这一张具有特殊意义的图片而变得更加直观形象、通俗易懂，她所要传达的观点也通过这张照片变得更打动人心。同样，她还将自己的观点浓缩成一句话，用"我曾经的失败是我前进的燃料，我前进的燃料就是我变强的力量"这句话再次对其观点进行强调，使其表达既强有力又让人难以忘记。

节选自杰克·塔珀（Jake Tapper）
在马萨诸塞大学安姆斯特分校的演讲

我必须做到这般技巧熟练、坚韧不拔、勤劳刻苦，而且保持警惕，如果我的美国广播公司的老板让其他任何人成为白宫记者，他们都会看起来像白痴一样。为了使他们的利益不受到损害，我不得不自告奋勇，担起这项差事……拥有他们想要的担任白宫记者的品质，并且要一遍又一遍展现给他们，每天都是如此，让他们离不开你。工作上要加倍努力。确保他们知道你会在需要的时候出现，而且表现得像个专业人士一样，并且要让他们觉得，你不认为自己有资格得到任何东西。要让他们感觉雇用你是为了他们自己的利益，而不是为了你的利益。

观点： 让你的雇主明白你对他们的重要性，这将为自己带来更多的机会。

解析： 塔珀不是在说"尽力而为、做到最好"或"在挑战中持之以恒"之类的陈词滥调，而是在表达一个新的观点，即鼓励观众让自己成为雇主的无价之宝。同时，他还通过分享个人学习经验使观众对演讲产生共鸣。

节选自奥普拉·温弗瑞（Oprah Winfrey）在南加州大学安纳伯格传播学院的演讲

你们所处的位置，是能让所有那些猜忌新闻真实性的人们哑口无言的。这是为什么呢？因为你们可以回击他们，同样，你们可以用真实的信息来回答那些本是错误的叙述。而且你们还能够纠正不实的记录、澄清事实。除此之外，你们也具备能力和权利让那些现在迫切需要讲述自己故事的人们发声，并让大家听到他们的故事。

观点： 你们是唯一能够捍卫真相和讲述重要故事的人们。

解析： 奥普拉了解她的听众群体（也就是传播学院的学生），所以她所传达的信息都是为他们量身定制的。

✔ 快速提示

1. 在传达重要的想法时，尽量避免使用"分享"这个词语（如"我想与你们分享……"）。当你"分享"一个想法时，你只是单纯地把这个想法扔给你的团队，希望你团队中的成员能发现其价值。然而，证实这一观点所具备的价值是你需要做的事情，而不是他们需要做的。当你把"分享"这个词语从自己的词典里删除时，你就能发现自己能使用更吸引人、更鼓舞人心的词语来支持自己的观点，如提议、推荐、建立、保证、证明，等等。

2. 当你在同事们面前排练演讲的时候，不要只问"大家觉得演讲怎么样"或者"大家觉得哪里需要做些改动"，应该问："大家认为我想表达的是什么观点呢？"如果他们一针见血地指出你想表达的观点，或者他们所说的已经很接近你想表达的观点，

那么你就成功了。如果他们不能清楚明白
地指出你演讲中的观点，那么你就需要重
新做这个演讲了，直到大家能把你的观点
清晰明确地表达出来为止。

平衡现实和理想的关系

对领导者而言，最必要也是最需要技巧的沟通职
责之一，是平衡现实主义和理想主义的关系。你既希
望你所说的具有实用价值，又希望其富有远见。你希
望你所说的既能关注到大家在今天面临的挑战，又能
关注到随着明天而来的希望。

传达现实的信息对提升信任感至关重要。正如传
达理想的信息对激发灵感也至关重要。

但是，过度的理想主义是危险的，你可能会做出
一些无法兑现的承诺，或者选择对现实发生的事情视
而不见，而言过其实的现实主义也会产生危险，你的

雄心壮志和长远之见会因此大大受限。

就像我说的一样：平衡现实主义和理想主义的关系是需要技巧的。

大多数团队成员希望且需要听到的信息是既现实又理想的。他们想了解具体应该怎么做才能走好脚下的路，也想知道这条路通向的是不是一个光明的未来。

为了能使现实主义和理想主义达到足够的平衡，所需要的技巧存在于过渡之中。你需要做的并不是把现实和理想完全分开，而是要把它们生动地联系起来，就像美国哲学家埃里克·霍弗（Eric Hoffer）所说的："领导者必须是务实的，必须是一名现实主义者，但说话时一定要像富有远见卓识的理想主义者一样。"

以下是现实主义与理想主义之间过渡的更多示例：

▶ "当前，我们一方面需要关注现今所面临的挑战；另一方面，也应该把关注点放在今年的剩余时间里以及未来的目标上。这是我们不断前进的方式，也是了解我们需要朝着哪些方向努力的方式。"

▶ "我们不可避免地会犯一些错误，或许并不总是能实现自己的目标，但是冒险和大胆思考对我们的成功至关重要，因此，我鼓励你们树立远大的目标。请记住，每一次失败都是一次学习的机会。"

✔ **快速提示**

要始终以理想主义的话语结束你的沟通和表达，而不是以现实主义的话语结束，因为你是希望你的团队成员们能朝着"今天→明天""好→更好""迎接挑战→提出解决方案"这样一个积极乐观的方向去思考，而不是往一个相反的消极方向思考。

正如电台主持人凯西·卡塞姆（Casey Kasem）日复一日地结束其广播节目时所说的那样（其中蕴含他自己的过渡诀窍）："做事脚踏实地……便能一步步向星星靠近。"

知道你的观众想要什么和需要什么

在公开演讲中，我曾经犯过的最大的错误之一是在 2000 年，当时我见证了一个主流的儿童新闻网站的启动。在它发布的那天，他们要求我给在场的几十人做一个简短的演讲以示庆祝，这里面的人包括我的团队成员、我的老板、他们的老板和其他高管。

考虑到我的职业经历和个人抱负，我谈到了这一时刻对我来说有多么重要，以及我能参与这项工作，而且有机会领导这项工作感到多么的自豪与激动。

当我结束演讲时，大家的反应不是兴奋地表示"没错"，而是平淡无奇地说"好的"。我的演讲不但没有鼓舞到观众，也没有吸引到他们，更没有给大家留下深刻的印象。

我做的这个演讲就像是你们所期待的最佳男配角做的演讲一样，但不是一名团队领导者应该做的演讲。正是团队领导者这个词语，指出了我在这场演讲中所遗漏的关键要素。我的演讲是关于我个人的，而不是关于这个项目、目标或者我的团队的。所以在那次演讲中，我把对我来说重要的事情凌驾于对我的观众来说重要的事情之上。

这是一个巨大的错误，因为在领导力中，如果你的信息对整个团队来说没有价值或者没有意义的话，那么与团队的沟通就是毫无意义的。你的领导力只有在能影响到你的追随者时才能发挥其价值。

这听起来或许非常通俗明了，但我经常遇到某些高管客户都是以"我想说什么"开始演讲，而不是以"我的团队成员想要听到和需要听到什么"开始演讲。当领导者以"我想说什么"开始演讲时，观众有可能觉得这名领导者会以自我为中心，并对重要的团队现实情况视而不见。

这也可以用一个等式来表示，最有效的沟通模式是"团队想要听到的"+"团队需要知道的"="领导需要表达的"。只有当这个等式成立时，领导才能考虑表述"领导自己想要说的话"。

需要知道

与组织中的其他领导者合作，一起来确定团队需要知道的内容。与他人合作有助于确保你所关注的内容是团队的当务之急，而不仅仅是你个人关心的问题。

此外，试着去扩展有实际意义的且确实"需要知道"的内容，而不是那些不太有价值的仅需"简单了解"的内容。想要搞清其中的区别，就要问：这条信息有多重要，多有意义？

"非常重要、非常有意义"＝"需要知道"。

"有点重要、有一点意义"＝"简单了解"。

想要知道

了解你的团队成员想从你这里知道些什么是一件很复杂的事情。这一点可以通过团队内部的沟通来做到，亦可依靠人力资源团队的洞察力。此外，你还可以在员工中间进行一些小调研，直接收集团队成员所关注的问题，或者与你的小团队一起吃个早餐，一边吃一边了解他们的感受和想法。

曾与我共事的一位名叫珍妮特的人力资源主管想向她的团队讲述，她是如何从一本有关员工福利创新方法的新书中收获了巨大的灵感的。

在此之前，珍妮特并没有向她的团队成员提出过这些想法，唯一让她想把这些想法分享给团队成员的理由就是：这本书确确实实吸引了她、启发了她。结果，她打算分享给团队的那些想法在进行"想要听到"的测试中并没有及格，在进行"需要知道"的测试中的得分仅仅位于"不确定"这一档。

我问她："你的团队怎么才能从你分享的心得体会中有所收获呢？"

当然了，这本书会吸引到珍妮特团队成员的原因与会吸引到她的原因别无二致。因此，通过这个问题和她的回答，我们将珍妮特此次演讲的重点从"我想讲述的有关于这本书的内容"改为"跳出设定的条条框框去思考，如何使我们的福利方案变得更易于理解，对员工更有价值"。借助这样的转变，珍妮特把这本书看作是一种资源，而不是一个观点。

TED演讲是一个有效沟通的范例，它的演讲者会强调对观众有价值的内容，而非演讲者自己感兴趣的内容。由于令观众感兴趣的点通常会标明在标题中，观众便会对所有TED演讲的主题都表现出浓厚的兴趣。你永远不会看到有某个 TED 演讲的标题是"与某个名人的对话",但是你会发现成千上万的 TED 演讲讲述的都是如何进行一次成功的对话。

如果重新将你的演讲想象成一次 TED 演讲对你来说还是没有什么帮助,那么你可以问一下自己我曾问珍妮特的那个问题:"我的团队怎么才能从这次分享中有所收获呢?"

这个问题的答案应该能揭示出这次演讲的话题对观众来说是有价值的还是没有意义的。同样,在"我想说什么"和"这对我有什么影响"这两个问题的帮助下,有可能会将这个话题提升到更有意义的层面,那就是"我的团队成员需要知道什么"和"这对他们有什么影响"。

✔ **快速提示**

回答以下几个问题,可能有助于事前创建一个为准备演讲和演示的工作表模板:

▶ 在我所表达的观点中,对团队成员最有价值的是什么?

> ▶ 上述观点对我的团队成员来说有什么价值？
>
> ▶ 我希望我的团队成员如何根据这一点来进行思考或行动？
>
> ▶ 这是他们现在想要和需要听到的吗？为什么？
>
> 　　这几个问题的答案将告诉你是继续（这一点符合我的团队利益）还是重新思考你的观点（这一点主要符合我的个人利益）。

解决问题与分享问题

　　我最近品评了一句名言，是一位非营利组织的领导人为宣传其新提倡的环保活动而引用的话。内容如下：

　　　　这场环境危机让我们不得不面对一个事实，当我们忽视地球时，我们就是在漠视自己的生命。

　　这句话朗朗上口，容易记忆，表达的观点直截了当，很适合在社交媒体网站上发布并转发。但它缺少一个关键要素，那就是：领导的沟通义务，不仅仅是要在说话中点明面临的挑战是什么，更重要的是提出相应的解决方案。下面这句话是这位领导人最终在社交媒体上发表的内容：

> 我们的政府必须致力于做出真正对环境
> 保护有意义的举动，因为当我们忽视地球时，
> 我们就是在漠视自己的生命。

在最终发表的内容里，我们删去了"新的诠释"和"我们都已经知道环境保护迫在眉睫"，但归根结底，这些细节有多重要呢？

举例来说，你把自己的车送去修理厂，主要不是为了了解刹车片的磨损程度。你也不会让水管工到你家里，就是为了让他告诉你水管堵塞了。这些诊断类的语言可能会成为你们谈话的一部分，但是最终，你希望这些专业人士能够帮助你解决问题，而不仅仅是告诉你问题是什么。

与这些专业人士一样，领导者需要意识到，他们的工作是提出如何解决问题，而不仅仅是把问题抛给

团队，无论这个问题或挑战有多么引人注意或多具破坏性。

这项指导并不是说你应该避免提及存在于组织进步中的那些挑战和障碍，而是应该用较短的时间和较简略的语言来描述这些挑战和障碍，以便有更多时间来和团队成员沟通如何去学习、提出怎样的对策和解决方案，这是你作为领导者需要扮演的角色。就像在排球比赛中，障碍只是摆设，扣球才是解决办法。

✔ 快速提示

1. 集思广益，征集团队成员提出的短期和长期的解决方案。将这些想法分享给大家或许会激励他们去构思自己的解决方案，这是一个双赢的结果，因为你可以通过合作来获取他们的反馈和理想的解决方案。只是要注意，不要将你所认同的想法作为唯一可能的解决方案，将其作为建议即可，抱有开放的心态与大家合作并接受大家的反馈。

2. 考虑各种需要沟通的活动，包括小组讨论

和问答环节，为探索挑战和寻求解决方案创造更多样、更广阔的机会。这些活动还可以让组织中的领域专家在关注全局解决方案的同时，发现具体的阻碍。

3. 始终以鼓舞人心的、充满希望的话语来结束这次关于挑战和解决方案的讨论。例如：尽管这段时间大家的压力很大，但我仍在公司里看到了大家的努力和层出不穷的想法，这些鼓舞着我们一路向前，也同样表明了我们将如何共同克服这一困难。

我们，我自己和我

当领导者在表达时，如果他们将自己置于团队之中，而不是凌驾于团队之上，是最能够吸引团队成员注意的，也能够最大程度地激励他们，特别是当领导者能从"我们"的角度来阐述自己的观点，而并非以

"我"的角度的时候。

"我们"一词是非常具有包容性和吸引力的，意味着我们大家要共同迎接某个挑战或实现某个目标。"我们"一词还强化了在工作当中重要的价值观，如团队合作和团队协作。

例子

"我们将共同克服这一挑战"和"这将提高我们的收入"。

言外之意：我们是一个统一体。

另一方面，"我"指的是个人的努力，在某些情况下，还透露出自负的态度。使用"我"听起来非常个人主义，可能在某些情况下是有优势的，但也会使领导者和其团队成员之间产生距离。

例子

"我相信我们将克服这一挑战"和"增加收入对我来说十分重要"。

言外之意：我的主要目标是满足我自己。

在大多数情况下，将"我"变成"我们"一词且不改变表达含义，并不是一件难事：

▶ 将"我相信我们应该"变成"我们应该"。

▶ 将"这是我关心的事情"变成"这是我们都应该关心的事情"。

▶ 将"这是令我最自豪的时刻之一"变成"这是令我们所有人都深以为豪的时刻"。

基拉尔和萨尔诺夫

凯蒂·基尔肯尼（Katie Kilkenny）于 2020 年 9 月 17 日在好莱坞记者网站上撰文，向其员工分享了华纳媒体首席执行官杰森·基拉尔（Jason Kilar）和华纳兄弟首席执行官安·萨尔诺夫（Ann Sarnoff）撰写的内部备忘录，这两份备忘录是针对华纳兄弟的两档电视节目在工作场所出现的不当行为的投诉。

他们的备忘录大约有 600 字，其中有些共同点，包括对员工不当行为的失望和排斥，以及宣布将请第三方组织来协助。

但就"我"和"我们"一词而言，这两份备忘录的区别可太大了。

在基拉尔的备忘录中，至少能列举出来 15 个带"我"这个字眼的句子：

▶ 我既担心又失望……

▶ 我曾经一直坚信……

▶ 在我的前四个月里……

▶ 我想许多有关……

▶ 我能得出结论……

▶ 我愿意听别人说……

▶ 我相信它包含了……

▶ 以上我说的这些是为了引入……

▶ 我希望了解……

▶ 我同样鼓励你们所有人……

▶ 我预计……

▶ 我也预计……

▶ 同样我想说……

▶ 我确信我们会犯错误……

▶　我知道我们可以，而且我们一定会变得更好……

　　在六百字的备忘录中出现了这么多"我"字，所有这些"我"都表明了基拉尔将自己凌驾于他的团队成员之上，而不是在团队成员之中。他几乎只从个人观点出发，这让人感觉他更像是一名教授。

　　他话中的潜台词是："这是我认为你们应该知道的事情，你们应该这样做，我才能开心。还不赶紧记笔记？"

　　相比之下，在萨尔诺夫的备忘录中极少出现"我"这个字眼，而是用了更多"我们"和"我们的"这两个词语。以下是在萨尔诺夫的备忘录中使用了"我们"和"我们的"这两个词语的句子：

▶　我们有这个机会……

▶　我们都在用同样的方法工作……

▶　我们的成功将基于创新……

▶　我们都有责任支持我们的行为准则……

▶　我们将加倍努力……

▶　这就是我们今后的运作方式……

- ► 我们都有责任……
- ► 我们将如何尽最大努力……
- ► 我们将接受第三方的询问……
- ► 我们的机会和成功只会受限于我们的想象……
- ► 让我们展示给大家看看我们可以一起做些什么……

你能从中多多少少获得些启发吗？萨尔诺夫的话语比基拉尔的话语听着更温暖、更包容，因为萨尔诺夫将自己置于其团队成员之中，而不是团队成员之上。

他话中的潜台词是："我们能够解决这个问题，而且将一起解决这个问题。"

"我"这个字眼的强大之处

"我"这个字眼并不是只有坏处。当用"我"来表达真实性和个人承诺时，它便是一个强有力的工具。

萨尔诺夫也多次这样说：

我要为我在值班期间发生的事情负责。

我会追究他们的责任。

今天我要在这里声明，这就是我们今后的

运作方式。

这些都是鼓舞人心的说法，因为这些话语都是出于对团队的负责，而不仅仅是以自我为中心的考量。

一句话总结：当你的沟通内容主要是关于你想要什么、你是怎么想的、你的期望是什么的时候，你建立的是与观众分离的关系，而不是让观众参与其中。你需要你的团队成员的支持，就像他们需要你的领导力一样，所以你要抓住每一个机会去传达"我们是一个团队，当我们一起工作时，我们能工作得最好"。

它，这个，还有那个

领导者只会从频繁地重申和强化他们的关键观点中获益。但即使是知道这一点的领导者，如果过度依赖"它""这个"和"那个"之类的代词，而不是明确地说出这些代词具体指代的事物和内容，也会错过关键的机会。

你可在你的文本中和说话习惯中寻找一下有没有诸如此类的代词，然后尝试着用具有实际意义的词语和更具有价值的词语来补充或者替换它们。添加或替换的内容越具体，就越能引起团队的共鸣。

看看以下三组句子在代词替换后的变化。

效力不强的说法：这将使我们更上一层楼。

较好的说法：这个想法将使我们更上一层楼。

最佳说法：采用这样的创新方法将使我们更上一层楼。

效力不强的说法：这将使我们的流程更加高效。

较好的说法：该产品将使我们的流程更加高效。

最佳说法：使用基于云归档的系统将使我们的编辑流程更加高效。

效力不强的说法：这应该会激励我们所有人。

较好的说法：这个故事应该会激励我们所有人。

最佳说法：关于玛格达适应力的故事应该会激励我们所有人。

简洁之美

我们都听说过"少即是多"这种说法，但阿尔伯特·爱因斯坦（Albert Einstein）对此有更进一步的

（更明智的）解释："如果你不能将它以一种简单的方式说出来，那就说明你还没有很好地理解它。"

我认为爱因斯坦这句话的意思是，语言简洁不仅仅指要删去一部分文字，更是意味着要充分理解你的核心信息，认识到哪些是可以剥离出去的，哪些是需要保留下来的。

我们不能夸大简洁的语言在领导和团队成员沟通中的重要性，尤其是当你明白多数观众的注意力是有限的这一点的时候。我不是有意贬低语言简洁的作用，而是考虑到观众的任务不同于演讲者的任务。

演讲者的任务：说一些你这几天或这几周思考过的事情。

观众的任务：首先是听到它，然后进行消化、处理、思考，进而思考它的意义是什么，最后可能还要把它写下来。

考虑到观众对所传达的信息在认知方面存在着巨大的差异，因此，简洁的语言是至关重要的，这使你的团队成员拥有更多的时间来反应、理解你的观点，并将其记录下来。同样也表明你重视他们的时间。

有时候，通常是在假日聚会或者员工大会上，领导者可能有必要列出整个组织的成就或值得表扬的"清单"。在这些"必须包括"的情况下，应重点关注三个关键方法：

1. 再次回顾一下你在本书前面读到的"需要知道/简单了解"的内容，尽可能地保持清单的紧凑性，并尽可能地将想法整合到演讲的主题之中。

2. 确保清单上的每一项内容都具有强大的能量，并能被清晰地表达出来。通常来说，清单最大的问题不是清单本身，而是领导者对背诵感到厌倦，从而仓促地完成清单。要记住，在演讲中每次提及你的观众时，都会让他们兴奋不已，所以要对清单上的每一项内容都给予有力强调，以确保其发挥影响力。

3. 为防止偏袒或偏见的情况发生，应尽可能地在表扬清单上涵盖各种各样的个人和团队名单，包括对工作职能、地理区域、等级、种族、性别和年龄等多方位的考虑。

✔ 快速提示

1. 删去不必要的词语，尤其是那些用处不大的和多余的形容词。

2. 删去演讲中不太重要的概念，这样它们就不会与你主题中最有价值的内容争夺观众的注意力。

3. 在写作中，可以多分几个段落，每一段不要超过三句话。当要列举一组不需要详细阐述的想法时，可以使用项目符号。

4. 大声朗读演讲稿，或者让他人大声读给你听，以便找到需要强化的部分和可以删去的部分。

5. 在演讲中，可以试着把语速放慢，给大脑一些时间，想想用什么词语更加明智。放慢语速也会给你的观众更多的时间来反应、理解你所说的话。

二

努力实现
关键的目标
与策略

真正的领导力源于诚实和时不时显露出的不
完美。

——雪莉·桑德伯格（Sheryl Sandberg）

现在，我们需要做的就是从如何思考转向如
何行动。第二章将介绍领导者应该如何参
与到团队成员之中，以及如何激励团队成员的具体沟
通策略。当你尝试了书中所述的这些沟通策略之后，
你就知道它们是行之有效的，并能让你受益终生。

在沟通中传递希望

在一场"激发内部激励"比赛中，"希望"这一主
题，可以说是全方位击败了其他所有重要的主题，例
如，同理心、诚实守信、坦率直言、坚持不懈和友好
团结。其中的原因也不难理解，因为"希望"二字，

表达的是关于团队成员对自身的职业愿望、目标和期望。

试想一下，假如你是一名船长，你的船正处在一片未知的水域之中，而你的团队成员正是这艘船上的乘客。在这样的情况下，对一名船长来说，重要的是具备对乘客的同理心、坚持对乘客坦率直言以及与乘客保持团队合作的精神。不过除了这些，饱含希望的话语是船上的乘客此时此刻最想要、也是最需要从船长口中听到的。"希望"二字就是如此重要。领导者在每一个沟通的时刻，都应该是一个充满希望的时刻。只需要补全下面这句话，"希望"便能顺理成章地表达出来：

"我的希望是_____。"

一旦确定了你所希望的内容是什么，就可以在与团队成员的沟通交流中，用许许多多种不同的方式将"希望"表达出来。

例如，你可以说：

► "如果我们能共同努力，就一定能跨越任何阻碍。"
► "我知道我们一定会度过这个充满挑战的时期。"

▶ "我们的未来充满了希望，因为大家才华横溢，我们具有获得成功的能力。"

对领导者来说，"希望"是个名词

注意：作为一名领导者，要将"希望"二字用作一个名词，而不是把它当成一个动词来使用，因为当"希望"作为名词使用的时候，可以烘托出领导者乐观的心态（例如，"我们还有希望""我充满了希望"）。然而，当"希望"作为动词使用的时候，仅仅能表达出领导者的一种偏好，也就是领导者想要什么样的结果，但是并不能肯定最终的结果就是所期盼的样子（例如，"我希望天气能很快改变"）。

埃里克·亚维鲍姆（Eric Yaverbaum）是埃里乔通信公司（Ericho Communications）的总裁，同时也是（Leadership Secrets of the World's Most Successful CEOs）一书的作者，他告诉我，多去传递那些会让员工们感受到安全、被支持以及受雇主重视的希望。

埃里克还说："我在自己的机构中关注的是希望与乐观的态度。我们的未来一定是光明的，这种积极的承诺表明了我肯定我的团队成员们具备成功的能力，我对公司战胜当下重重困难具有信心，以及我将致力于提供一切必要的资源来帮助他们和自己正在面临的阻碍进行斗争。"

✔ **快速提示**

如果你不知道到底应该如何在即将到来的沟通中向团队成员们表达乐观的情绪，也没有关系，你可以去询问一下自己信任的同事或者你的团队成员，他们希望在工作中得到些什么，然后在与团队成员的沟通中表达出对他们的欣赏：

"昨天，爱丽丝告诉我，她希望……我也有同样的希望。"

在沟通中传达愿景

没有哪个团队的成员希望他们的领导者能够像预

言家诺查丹玛斯（Nostradamus）一样去预测未来具体会发生什么事情。但是，团队成员确确实实希望领导者能够非常具体地描述出组织在未来会是什么样子的，以及它在未来的 5 年、10 年，甚至 15 年或 20 年会有什么样的目标。

与其说向团队成员传达愿景是在预测组织的未来，不如说是在给团队成员设定目标。同样重要的一点是，领导者需要明白一个愿景就好像是一个目的地，而不是一次行动。这也就是说，团队成员想要听到领导者说，如果我们脚踏实地把工作做好，这将是我们要迎接的未来，而不想听到领导者说我们要采取什么样的措施。

愿景

▶ 1000 万美元的年收入

▶ 美国 70% 的家庭都使用克里格咖啡机

▶ 一个没有癌症的世界

措施

▶ 创建一个新的消费金融产品线

▶ 发起一项百万美元的广告活动

▶ 为人文医学研究寻求企业赞助

　　对领导者来说，在与团队成员的沟通中传达出愿景是很重要的，因为愿景能给整个团队的工作提供明确的目标。当我们完成一项任务的时候便会感到心满意足，不过，当我们共同朝着更美好的未来而努力的时候，就会更加鼓舞人心。

　　如何向团队成员传达愿景是很复杂的一件事。这看起来不太容易实现，然而也绝不是毫无可能的。愿景不应该过多偏离组织的核心任务，但是愿景的提出也应该考虑到这个组织需要适应如今瞬息万变的时代，以及随着时代的变化而变化的品位与态度。一个包含了可量化目标的愿景并非不好，只是如果大家最终没能达到这个目标，那就该令人大失所望了。

　　领导者工作的第一部分是在组织中其他领导者和高管的帮助下，将愿景具体化。第二部分则是要向团队成员传达这个愿景，这必须以和第一部分工作同样谨慎周密的态度来对待。你希望团队成员能对此愿景有正确的理解，并且最终希望他们能通过工作上的具体行动来实现愿景。

以下是一些关于如何有效向团队成员们传达愿景的建议。

▶ 简明扼要。如果你想传达的愿景需要很多句话才能向团队成员表达清楚，那可能有点太复杂了，大家也不容易记住。《沟通技巧手册》（*The Handy Communication Answer Book*）一书的作者兼高管沟通教练劳伦·塞吉（Lauren Sergy）建议说："把你想表达的愿景浓缩为一句话，人们可以不费吹灰之力地重复这句话，并且能轻轻松松地把它分享给其他人。不要担心一句话的愿景不能涵盖你想表达的每一个细微之处。领导者需要以一种大胆的态度和鼓舞人心的情感，将此愿景精炼地向团队成员表达出来。这不仅会吸引大家的注意，同样也会在他们的脑海中留下深刻的印象。"

▶ 在一个文本或一次演讲中呈现愿景时，请不要进行过多的铺垫。要尽快提出这个愿景，并解释清楚它的内在含义：它是如何构思出来的，它将对日常工作产生什么样的影响，以及对组织来说为什么这将会是一个令人兴奋的时刻。

▶ 不要用太过平淡的语言向团队成员描述你的愿景，而要用五彩斑斓的画笔来描绘它："我想让大家想象一个 20 年后的世界，在这个世界中……"

▶ 使用坚定准确的、不会产生任何歧义的语言："我们终将会成功！"（而不是"我们能成功"或者是"我们可能会成功"）如果你想对这一愿景做出个人承诺，就在愿景的前面加上一个"我相信"，变为："我相信我们终将会成功！"

▶ 许多领导者和作家在他们应该说"使……能够"的时候不那么说，而是说"使……成为可能"。当仅仅是除掉某个障碍物的时候，你可以使用"使……成为可能"，但如果你扮演的是变革推动者的角色就要使用"使……能够"："我们的工作将使数以百万计的人能够……"

▶ 充满希望、自信和乐观地说："通过大家的共同努力，我们能够并终将实现这一目标。"

▶ 表彰并赞扬为愿景发展做出贡献的员工们和团队成员："我感谢……的参与和付出。"

在沟通中传播信心

在今天，即使我们将易受侵犯、坦率直言的处事原则和为人谦逊的品格作为考量领导者的优先事项，但自信心仍然是一种基本且传统的优秀品质。简单来说，这是因为团队成员很难去信任那些不自信的领导者。传达自信心的魔力就在于它能在你的团队成员中建立起信心，然后提升大家的信心。

但是，在沟通中传播自信心不是意味着向团队成员说："嘿，你们好，我很自信！"

在沟通中传播自信心的最有效方法之一就是果断。金伯利·彭哈洛（Kimberly Penharlow）是一位领导力教练，她的客户包括万事达公司（Mastercard）、美国辉瑞制药（Pfizer）和赛富时公司（Salesforce）的高管，她鼓励这些领导者避免"决策瘫痪"，并通过向团队成员们表达明确的立场和清晰的决策来传播信心。金伯利告诉我："人们会期待着你能够清楚明了地说明事情的现状以及公司应该如何向前发展，尤其是当组织陷入危机之中的时候。虽然对领导者而言，避免向团队成员们做出承诺或许是一种更加稳妥的选择，但是那种含糊不清的表达会滋生出团队成员间更多的担忧和不信任。"

领导者还可以通过表达对团队成员及其工作内容的信任与认可，以及表达对公司的愿景来向大家传播自信心。

表达对团队成员及其工作内容的信任：

"这一项新的协议将使该项目能够更加有效地推进。"

表示对团队成员及其工作内容的认可：

"这个项目能成功，帕特里夏不可或缺，因为她从始至终都负责掌管这个项目。"

表达对公司的愿景：

"我认为我们将在十年内主宰市场。"

这些表达的共同点就是领导者对团队成员做出了无畏的承诺，公开表明了其对一个想法非常有信心，以至于你不会首先考虑如此肯定的承诺会不会影响自己日后的可信度。

使用最能体现自信的动词

你领导的工作可能需要带着大家战胜挑战、克服威胁，以及对公司产生积极影响。但是有些时候，即使领导者使用的动词是专门为了激发团队成员的灵感而精心挑选出来的，也会有一种与实际意图不符的感觉。

下列是几组人们经常使用不当的近义动词。其中一个动词会比另外一个动词表达的立场更弱一些。领导者应该选择一个最能准确传达意思、最令人印象深刻的动词。

▶ "使……能够"与"使……成为可能"

如果你的行为产生了相应的结果，你可以说使它能够如何。如果你只是除掉了一个障碍，你就只能说使它成为可能。

"在顾客服务方面的创新使商店能够（可能）卖出更多的定制产品。"

▶ "防止"与"避免"

如果你的行为阻止了某些灾难性事件的发生，那么就可以说你防止了它。如果你的行为只是让某件事远离了危险，或是延迟了危险的到来，那只能说你避免了它。

"我们必须防止（避免）人们及其家庭面临住房危机。"

▶ "行动"与"处理"

如果你对某个问题采取了具体措施，那就是你对它采取了行动。如果你只是仔细考虑了某种情况，那你就只是处理了它。

"我们针对这些贫困社区的严重影响采取了行动（处理）。"

▶ "回应"与"反应"

如果一种情况促使你采取行动，那么你就必须对此做出回应。如果这个问题只是引发了你的某种情绪，那么你只是对此做出了反应。

"我们对停电立刻做出了回应（反应）。"

▶ 战胜与面对

如果你成功地克服了一个阻碍，那么你就是战胜了它。如果你遇到了一个阻碍后只是站在原地不动，那么只能说你在面对它。

"我们战胜（面对）了系统的挑战。"

▶ "提议"与"分享"

如果你提出了一个重要的观点，那么就是你提议了这个想法。如果你仅仅是抛出事实，然后让观众决定要如何做，那你只是在分享你的想法。

"我提议（分享）的这个新方法，将会使我们的进程更加高效。"

▶ "完成"与"达成"（一个目标）

如果你完成了一个目标，就意味着你今天的成就是你努力的直接结果。如果你仅仅是达成了一个目标，那么只能表明你在技术上达到了某一里程碑，你的目标也有可能是由于意外而达成的，或者是受环境甚至是重力的影响。

"我对大家能完成（达成）我们这一年最远大的目标而非常激动。"

下面这个等式可能有助于你构建一种自信的陈述：

明确的挑战 + 受到拥护的变革者 + 有希望的结果 = 一个自信点

最后要说的是，还有一些行为可以作为补充，增强你在与团队成员的沟通中传播自信（其中一些建议你可能从小就听过，会觉得耳熟能详）：

▶ 看着别人的眼睛（如果是在视频会议中，眼睛就看着摄像头）。

▶ 坐直或者站直。

▶ 不要坐立不安。

▶ 说话速度要放慢，说话声音要洪亮。

▶ 别人发言时仔细聆听，同意的地方就点点头。

▶ 表达清楚你要说的第一句话，并对其加以修饰（这一点需要提前练习）。

在沟通中表达同理心

有些人说，领导者的关键角色之一是"首席移情官"。对一些领导者来说，这个头衔看似是对他们做出了过多的要求，然而毫无疑问的是，即便领导者只在与团队成员的沟通中展现出来一点点同理心，也能让团队成员们感到自己备受关心，特别是当某个事件或危机影响到整个组织的时候。

2020 年 7 月，美国健康明爱保险公司（Ameri Health Caritas）的首席执行官保罗·图法诺（Paul Tufano）在麦肯锡咨询公司（McKinsey & Company）发表的一篇题目为《首席执行官时刻：新时代的领导力》（*The CEO Moment*: *Leadership for a New Era*）的文章中解释道："这个时期，将是一个会持续充满着不确定性和恐惧的时期，不过这同样也是一个可以打造一支更加强大的、更具有凝聚力和积极性团队的绝佳机会。如果首席执行官们能够在自己团队成员需要帮助的时候伸出双手，为他们提供实际的帮助，并且能够真正地做到倾听团队成员们的心声，与共事的团队成员们建立起密切的联系和良好的关系，就像是扮演一个类似于牧师的角色，便有极大的可能激励团队成员们前进，加强公司内部的联系和忠诚度。"

那么，什么是同理心呢（有同理心与有同情心不一样，有同理心不仅是指在工作中有良知）？任何一位优秀的心理学家都会告诉你，同理心说的不是去解决问题，也不是说去同情那些处于困境中的人。同理心指的是完全站在他人的立场上，去真正地理解那个人的感受。

在 1992 年上映的电影《黑白游龙》（又名《白人不能跳》，*White Men Can't Jump*）中，通过刻画格洛丽亚·克莱门特（Gloria Clemente）转过身对男朋友比利·霍伊尔（Billy Hoyle）说她口渴的场景，生动形象地展现了什么是同理心。在男朋友比利给她端来一杯水的时候，格洛丽亚失望地看着他说："亲爱的，我说我渴了。但是我想要的不是一杯水，我想要的是同理心。我想让你说，'我知道渴是什么感觉。'"

当你的团队成员们感到毫无头绪、没有什么想法的时候，他们也希望这种感受不会遭到领导者的指责，反而希望能够得到领导者的理解，对他们来说，这一点甚至比得到领导者的帮助和指点更为重要。

请记住，我们谈论的是领导者要在与团队成员的沟通中如何表达出同理心，而不是领导者要具备同情心的问题。除非这个领导者在与团队成员的沟通中有能展示出同理心的表现，否则没有谁会知道他是不是具备同情心。所以说，作为领导者，要专注于你想要表达的且能轻松掌控的观点，而不是关注那些你大概率无法控制的观点。同时，领导者也要注意与团队成员沟通的策略，这也能让那些在团队成员心目中本没有什么同理心的领导者在沟通中表现出有意义的同理心。

在这个充满着各种各样挑战的时期，领导者与团队成员之间最有效的沟通方式是去谅解他们的痛苦、展现出自己对他们的关心，也许在一开始可能不会有所表现，但是最终一定要采取适当的行动或者措施来缓解这种令人苦恼的局面。或者，领导者至少要安慰正处于痛苦当中的团队成员。因此，在领导者运用同理心与团队成员沟通时，要时刻关注这些可以令他们有所触动的点。谅解团队成员、关心他们、用实际行动缓解他们的苦恼，每一个触动点都需要领导者清楚地表达出来，而且领导者也应该明确地将一个个触动点展现给团队成员。

谅解："我知道这对我们所有人来说都是一个煎熬的时期。"

关心："我关心大家的安全与稳定。"

行动："我们当前正在推行新的政策来应对这些挑战，并尽可能地让大家感受到稳定。"

下表列出了一些有关于领导者向团队成员们表达同理心的具体注意事项，其中的触发因素有个人的、瞬间的，也有全局的、持久的。

领导者一定要做的事情	领导者不要去做的事情
一定要关注危机事件对人们的影响。	不要过多地关注危机事件可能会对公司获利或者其他财务指标的影响。
一定要创造多种多样的机会来倾听团队成员的想法，同时要向他们学习。	不要在沟通中凌驾于团队成员之上。
一定要谅解团队成员出现的难过、沮丧和焦虑的情绪，并为他们提供实际帮助。	不要急于"解决问题"，要确保你能够完全弄清楚这些问题，并且能够将问题定性。
一定要对团队成员的需求、问题和建议做出快速回应。	不要在没有事先与团队沟通的情况下，就擅自决定下一步行动或者解决方案的具体步骤。
一定要尽可能多地与你的团队成员进行沟通，以表现出你是需要他们的，也需要了解团队及成员最新的消息。	不要执着于定期的危机会议，如果这样的会议作用不大，并且已经过时了，就不要再继续开下去了。

领导者一定要做的事情	领导者不要去做的事情
一定要使用"请大家放心"和"我们肯定会渡过难关"这样的短语来鼓励大家携手前进，并且体现出自己对团队成员们是负责任的，以及对企业管理的承诺。	不要把注意力集中在你害怕的、你"不知道"的和"不理解"的事情上。如果你真的要说"我不知道"，那么接着就要说"但我确确实实知道的是……"
一定要以友善助人、坦率直言、诚实可信的态度面对坏消息。这样做除了能在团队成员之中建立起信任之外，还可以减轻团队成员对未知事物的恐惧，抑制他们盲目的投机行为。	不要预测未来可能会收到的坏消息，这样做只会增加团队成员的恐惧感与焦虑感。
一定要使用简单的语言。领导力沟通培训师兼作家露西尔·奥赛（Lucille Ossai）说："在沟通中表达同理心的时候，要使用即使是12岁的小孩子也能立刻理解的语言。如果大家不能清楚明白地理解你想传达的信息，他们将无法意识到这些信息背后的情绪或者意图。"	不要试图将危机事件转危为安，也不要夸大悲剧事件中存在的那"一线希望"。这样做只会增加团队成员对你的误解，并且摧毁你信任与可靠的形象。

领导者一定要做的事情	领导者不要去做的事情
一定要对你的团队成员表示感谢（比如：感谢大家一直以来的合作与理解）。	不要长篇大论地与团队成员抱怨做出的那些决定是你情非得已。以这样的方式沟通可能会让自己感到宽慰，但这会将领导者对团队成员的同理心转变为团队成员对领导者的同理心。领导者的工作是支持你的团队成员，而不是让你的团队来支持你。
一定要做到实事求是、诚实守信，明确已知和未知的区别。要知道，团队成员会希望你坚持自己的预测和遵守承诺，因为你是一名领导者。	不要对团队成员做出过分的承诺。对团队成员做出毫无根据的保证会严重损害你的信誉。
一定要思考你所说的话是不是在故意减轻某个坏消息对团队的打击，或者说，你是不是故意将一个消息说得模糊不清、模棱两可，以便自己能更加轻松容易地将消息传递下去。试问：谁会从"减轻某个消息的打击"中受益最大呢？身为领导者，你得时刻牢记要将团队的需求放在首位。	不要含糊不清地去传达消息。员工需要从领导者那里得到事实，这是员工的权利，他们不想去猜测事情的真相到底是什么。领导者传达模棱两可的消息将会造成团队成员的恐惧而不是理解。

领导者一定要做的事情	领导者不要去做的事情
一定要提醒你的团队成员，他们可以向你咨询想了解的问题及现状，并且向团队成员承诺，你一定会在沟通中做到诚实可靠、坦率直言。有些时候，传达坏消息比不去传达消息更可取。	不要逐字逐句地说话。使用自然流畅的语言来确保你所说的话听上去是真实可信的，而不是像新闻稿似的一板一眼。这是能体现出你是一位富有人情味的领导者的关键时刻。
一定要以充满希望和相信团队会进步的心态来传达信息，这意味着在沟通中尽量多用"去做"二字，尽量少用"不做"二字，尽量多说"我们将会"，尽量少说"我们不会"。这种转换表达的方法能向团队成员传达出大家一定能克服危机的承诺，而不仅仅是向团队成员强调要去应对危机事件带来的后果。	不要过分关注细节和具体的描述。相反，你要一直为团队成员提供背景、方向和希望，这才是你需要扮演的角色。团队中的其他领导者或是相关主题的专家可能会更好地满足这些细微之处的沟通需求。
一定要尽可能多地在组织内分享积极向上的、令人振奋的团队携手前进和成员们发挥聪明才智的故事。你的团队成员可能会受到你的启发，因而去效仿其他同事好的行为和精神。确保要在与团队成员的分享中强有力地解释为什么欣赏这些人、这些事。	

> **✔ 快速提示**
>
> 提前与公司的人力资源团队和内部沟通团队进行合作，以确保你和他们与团队成员的沟通在情感和内容上是一致的，但不要让他们为你编写与团队成员沟通交流的具体内容和话术。你的话听起来必须是完全真实可信的。

在沟通中传递真实性

众所周知，真实可信这一特质对领导者有效带领团队、与团队成员之间建立高度信任和密切关系来说是极为重要的，那么问题来了，领导者应该如何在沟通中给团队成员传递真实性呢？

我们先从什么会让领导者的话语听上去不是那么真实可信谈起。首先，最重要的影响因素之一是：领导者使用与自己讲话风格或者词汇类型不相匹配的单词和短语。不管领导者的演讲稿是不是自己写的，他们都需要删去稿子中那些听起来更像是出自新闻稿或者是桂冠诗人笔下的而非符合自己表达风格的词语。

作为一名演讲稿撰写人，曾经有一次我用了一句不仅非常有创意，而且极具内涵的话来结束那篇演讲稿，我以此为傲。我以为我搞定了这篇演讲稿。但是我的客户看了那篇演讲稿之后却把结尾那句话给删掉了，并且在下面写道："我没有那么聪明，写不出这样的句子。"我不得不承认，他是对的，这句话出现在这篇演讲稿中确实不太合适。所以说，在领导的语言中，要优先考虑演讲稿中使用的词语或者句子是否符合这个人的语言风格，之后再去考虑这句话是否富有诗意，个人的语言风格总是优先于诗意。

省略演讲稿

如果你本次沟通的目标之一是与你的团队成员建立起真正的联系，那么，你最没有必要做的事情就是写一篇演讲稿，然后逐字逐句地读给团队成员听。读给团队成员听，就相当于将一次演讲变成了一场表演，这样，重点就放在演讲者自己身上而并非观众身上，听众所关注的也只是演讲稿本身而并非沟通中要传达的观点。这样做不仅仅会减损你在与团队成员沟通中的真实性，还会破坏团队成员对你原本坚定的信念、失去团队成员对你的信赖，以及降低你在团队中的参与感。

如果你想给团队成员做一次"完美的演讲"，并且认为认真写演讲稿是实现这个目标的最佳方式，那么请记住，你不是在参加一场公开的演讲比赛。你在演讲中的任务是参与到团队当中，并且激励团队成员努力工作，而不是为了给大家留下一个深刻的印象。因此，在这样的沟通中，你所体现的自发性和真实性才是关键中的关键。

不要写一篇长篇大论的演讲稿，但是你可以做些简单的笔记，用来提醒自己整篇演讲的提纲和演讲中的细节，以免自己在演讲中忘记或遗漏掉某些关键点。最终，你得像是在超市中使用购物清单那样使用你的演讲笔记，也就是说，快速看一眼自己写的笔记或者关键词，就能知道自己接下来要表达什么内容了。

讲述你相信的事情

对领导者而言，避免讲述自己不完全相信的事情也至关重要。在与领导者的沟通中，也许团队成员的眼睛并不总能发现领导者夸张的、不真诚的情绪，但是他们的大脑一定会感受到领导者做出的一些夸张的、不真诚的表现，并且有可能会通过领导者的肢体动作来寻找与其所讲述的话语不相符之处。在我的这本书中，事实与真相是领导者与其团队成员成功沟通的必要条件。如果你的目的是欺骗观众，那么你在这次演讲中就不是在表达自己演讲稿中的内容了，纯属是在玷污观众，浪费大家的时间。

如果你感觉自己的思维方式或者声音与你极其需要向团队成员传达的内容脱节了，那么你可以尝试使用不同类型的表达方式，探索那些你从未发现过的自己的真实声音。你可以在演讲中尽量多地使用那些你可以大声说出来而且不会觉得尴尬的新鲜词语、短语和概念。

如果你不同意团队成员提出的某个意见，而且需要否决它的时候，先从你是认可他们并且尊重他们的意见之类的话开始说起，之后，把讲话的重点放在支持你所相信的事情上，而不是反驳他们所相信的事情上。

不尊重真实性的表达："那可不是一个好的主意。你没有搞清楚的是……"

尊重真实性的表达："首先，我认真听了你所说的，我是欣赏你的观点的，因为我知道你的出发点是对整个团队的关心和承诺。我相信……是我们解决问题的最好的方法，我们也将朝着这个方向努力。不过，随着我们一点一滴的进步，我非常希望你们能提出反馈。"

这两种表达方式都是真诚的说法。但是，第二种尊重真实性的表达方式会向团队成员表明自己是善解人意的，而第一种不尊重真实性的表达方式却会让团队成员觉得你对他们不屑一顾。

讲故事

领导者可以通过讲述个人的故事和事例，建立自己在团队成员心目中的真实性。个人故事和事例的选择不一定必须是那些发生在你生活中的重大事件，也可以叙述简简单单的事情。即使你讲述的是一个微小的细节，例如，讲一个爱好、描述一只宠物或是分享一个有趣的育儿时刻，和团队成员说说这些生活中看似不起眼的小事，也能像讲述那些对生命具有决定性作用的大事一样，有效地让团队成员感觉到你这位领导者是有人情味的。

真实的故事之所以引人入胜、令人信服，其中一个原因是你在讲述真实故事的时候，使用的是"我"和"我的"这样能非常好地传达真实性的第一人称代词。事实上，只要以"我相信"开头，就算是执行声明都会听起来更加真实。

不过，领导者只能在与团队成员的关系和信任起到关键作用的时候使用"我"这个第一人称代词，例如在讲述自己的故事和发表个人声明中使用"我"。正如你在前面几页读到的一样，大多数旨在激励团队成员的陈述都应该以"我们"二字开始，而不是以"我"开始，为的就是强调团队的成功是属于整个团队的，而不仅仅属于领导者个人。

领导者会犯错误

另外一个能够非常好地建立真实性的因素是缺陷。犯错是人的天性！不过，这并不意味着你可以故意犯错误，这句话真正的意思是：如果你犯错误了，请原谅自己。永远不要把完美作为你的目标。

有一些领导者会过分注重完美，他们高估了观众的注意力，认为观众不仅能够发现自己遗忘的那些细节或者那几个单词，还能够注意到自己衬衫上的污渍、有点凌乱的发型或者是突然的一声咳嗽。心理学家托马斯·基洛维奇（Thomas Gilovich）和肯尼斯·萨维茨基（Kenneth Savitsky）将这种超敏反应称为"聚光灯效应"，并警告领导者，聚光灯效应可能导致严重焦虑或者过度道歉，从而降低团队成员对你的信赖。

正如认知科学家、芝加哥大学前心理学系教授希恩·贝洛克（Sian Beilock）于 2019 年 8 月 27 日在《金融时报》（The Financial Times）上写的："我们不可避免地会在工作中犯错误，或者在同事面前出丑……幸运的是，大多数人都将注意力放在自己身上，并不会过多地留意其他人。当我们明白了这一点，就能感到浑身轻松。"

一句话总结：你需要知道，当你犯错误的时候，你在团队成员中建立的真实性比你失去的完美的形象更有价值。

时刻注意真相的表达

身为领导者，想让你的团队成员觉得你真实可信不一定就意味着做到完全的坦率直言和开诚布公。在专业场合，不要表达那些你不想被所有人重复的个人观点，也不要在社交网站上发表那些你不想与当地新闻媒体分享的评论。这些都是作为一名领导者所要注意的有关沟通的问题。

✔ **快速提示**

1. 一个看起来让人感觉真实可信的短语，当其从演讲者口中说出时，可能观众听起来并不能感到真实可信。试试在多种文字处理软件（或者其他文本转语音的程序）中使用审阅选项卡下的"朗读"功能，你就

能体会到自己写出来的文本转换为话语时，观众会有什么感受了。

2. 如果你在演讲中犯了错误，请不要向观众道歉。你要做的是迅速纠正自己的错误，并在心里原谅自己，然后就不要再去想它了，继续演讲下去。

3. 不要去鼓励那些你认为自己不会参与其中的行为。尤其是当有人问到你这一点的时候，你的描述可能会让别人听起来很空洞，同时会减少团队成员对你的信赖。领导者需要尝试着去成为大家的榜样，而不只是承担一个管理者的角色。

在演讲中需要停顿的地方

在所有领导者用来促进沟通与交流的语言工具中，最强大的工具之一是不发出任何声音，也就是"停顿"。

从许多方面来讲，停顿是上帝给予凡人的礼物。

（**停顿**）

第一，你的大脑需要思考下面一句话说什么、如何选择词语以及如何顺理成章地将这句话说出来。停顿正好能给大脑一个思考的时间，想想怎么才能表达得更加准确。如果说出的话没有经过大脑的思考，那么我们极有可能会混淆要说出的话和内心的想法，导致语言混乱，表达得不清楚。然而，停顿能让我们的思维先于我们说出的话语，也就是给大脑足够的时间来思考下面要说些什么，这样我们就能深思熟虑并精心挑选要使用的词语，使表达更符合逻辑。

你可以尝试一下：在下次会议发言的时候多停顿几次，看看这是否有助于你提出更准确的观点。

（**停顿**）

第二，你的观众也需要时间来消化和处理你所说的话，停顿正好能给他们这个反应的时间，然后你再继续讲下一点。

（停顿）

第三，停顿能创造微小但有力的戏剧性效果和充满悬念的时刻，这能有效地让观众参与到演讲之中。当你在句子中间稍作停顿，也会表现得好像你正在思考一样，这对你的观众们来说是非常有说服力的。

（停顿）

最后，停顿还能帮你少用一些"啊"和"嗯"此类的语气词。你需要训练自己有意识地停下来，而不是使用"啊"和"嗯"那些会让观众注意到的语言，这会让观众觉得你缺乏自信。

停顿得太多可以吗？关于这一点我不是非常确定。我从来没有听说过有哪个领导者因停顿次数多而出名，因为停顿是一个虚无的时刻，人们很难记住停顿，所以就更不用说批评它了。

一句话总结：当你能熟练使用停顿的时候，它能极大地帮助你掌控下一步要说的内容，其强大的效果会让你难以置信。

✔ **快速提示**

　　如果你天生是一个说话很快的人，停顿是
一种可以立刻将你的说话速度降低到零的方
式，以此来帮助你放慢说话的速度。

让你的感谢变得重要

　　如果说存在着一样东西，是每一个团队成员希望
在每一次与领导者的沟通中都能听到的，那么，这样
东西便是感谢。

　　领导者在公众场合表达对团队成员的认可，除
了能提高整个团队的士气、增强团队成员的动力之
外，也能表明你非常关注自己的团队成员，而且会尽
全力去支持他们。即使你表达的只是小小的感激之
情，也会对那些接收到它的人产生意味深长的影响。
2010 年 6 月，研究人员弗朗西斯卡・吉诺（Francesca
Gino）和亚当・格兰特（Adam M.Grant）在《人格与

社会心理学杂志》（*Journal of Personality and Social Psychology*）上发表的一项研究中表明，简单地向他人表达感激之情，可以让这个人感受到自己的社会价值，从而增加其亲社会行为。

如果你也像我一样，没有耐性支撑你一丝不苟地读完《人格与社会心理学杂志》，我可以稍作解释。亲社会行为与积极向上和乐于助人的美好品质相关，同时也是为了提高自己在社会中的接受程度和与其他人共事的能力，领导者希望培养的正是这种亲社会行为。

然而，尽管你已经掌握了超过 17 万个单词，庞大的词汇量是你妙语连珠的基础，但是并非所有的单词和短语组合在一起都能产生相同的效果。事实上，如果领导者在表达感激之情的时候仅仅是用了"谢谢你"这三个字，这并不会给团队成员带来什么意义深远的影响。"谢谢你"这三个字能表现出领导者的礼貌，但它不是实质性的赞扬。

表明感谢的原因

为了能给你的感激之词赋予丰富的意义和真正的

价值，你用来表达感激的话语必须能回答这样一个问题："为什么这个人值得我去感谢？"这个人值得接受感谢，不仅归功于他的成就，而且还要归功于他完成这一成就所做出的承诺、所表现出的创造力，以及所付出的辛勤劳动。

另外，要确保你的感谢对你所要感谢的人来说是别出心裁的、是切合时宜的，同时也是别具一格的。如果你在感激之词中讲述了一个真实的故事，或者是举了一个具体的例子，来说明你所感谢的这个人在工作中表现出的价值，那么这将会使你的感激之词更加出众。

你能提供的细节越多，所表达的感激之情就越有意义。

请注意在下面的例子中，领导者是如何一步一步地展示对山姆感激之情的，如何扩充这句话，让它包含更多有说服力的细节。

▶ "我要感谢山姆，因为他在上周做了一次演讲。"
（翻译："我知道山姆完成了一项任务。"）

► "我要感谢山姆，因为他在上周做了一次精彩的演讲。"

（翻译："我注意到这次山姆的演讲完成得很好。"）

► "我要感谢山姆，上周他在有关库存创新这个方面的演讲非常有说服力，并且提供了非常棒的想法。"

（翻译："我注意到了山姆在这次演讲中的表现。他做得很好，他的努力对整个团队来说都是非常有价值的。"）

► "我要感谢山姆，上周他在有关库存创新方面的演讲向大家证明了，如果我们都能像他那样创造性地去思考问题，便可以节省出很多时间和精力。"

（翻译："山姆用他的演讲引起了我的注意。他提出的有关创新的观点给我留下了深刻的印象，我认为我们大家都可以从中学到不少东西。"）

最后一个版本的表达效果最为出众，原因还在于：删除了"精彩的""有说服力的""好的"这样的形容词。

当你在表达中去掉形容词时，你就必须强迫自己使用其他更有意义并且包含具体含义的词语。

毋庸置疑，给予有具体意义的、符合实际情况的感激之词比简简单单地对别人说"谢谢"二字或是给你想要表达感谢的人发一封仅写有"谢谢"的电子邮件要花费更多的时间，也要付出更多的精力。然而，当你把表达感激之情看作是一个奖励团队成员努力工作、激励他们继续前进的宝贵的机会时，显而易见，你投入的时间和精力是能获得回报的。

不要坐视不理

领导力教练达西·艾肯伯格（Darcy Eikenberg）的客户包括可口可乐公司（The Coca-Cola Company）、微软（Microsoft）和德勤（Deloitte）。达西·艾肯伯格不鼓励领导者在完成某个项目之前，不对团队成员的工作进行任何赞赏或表扬。我是同意这一点的。不管是在工作的哪个阶段，对团队成员的赞赏和表扬都是极为重要的，因为这样做可以激发团队成员对工作的进一步投入，同时激发他们的责任感。

达西告诉我："有些时候，因为我们的目标还没有完成，或者是项目还没有成功，我们很难做到认可团队中的其他人，也很难做到去欣赏他们。但是，只有我们努力的方向是正确的，我们才能取得相应的正确的结果。即使是团队成员还没有达到他们的最终目标，身为领导者，去赞赏你的团队成员朝着最终目标一步步所做的努力也是意义非凡的，也能表达出你对他们现阶段成果的肯定。"

婚礼上的测试

最能证明包含具体意义的感谢能带来巨大价值的，是婚礼现场，而不是工作场所。试着想象一下婚礼上的两种祝酒词，其中一种祝酒词只是说："菲尔和爱丽丝是一对非常般配的夫妻。"而另外一种祝酒词会讲述新郎菲尔和新娘爱丽丝之间是如何相遇、相识、相知，最后走到一起的爱情故事，通过讲述整个故事来表现他们有趣又有点古怪的个性，并向嘉宾展示了这对新人是如何包容彼此的。

人们会记住并且赞美这两种祝酒词中的哪一种

呢？答案显而易见，一定是第二种，因为它能通过生动形象的故事和细节具体讲述出大家欣赏的是新郎和新娘爱情中的哪一方面。所以，领导者也应该采用和第二种祝酒词一样的方式对团队成员进行赞赏和表扬，这样才能与你的团队产生共鸣。

如何感谢每一个人

如果是在某个节日活动期间，或者是关于组织的里程碑时刻，你想要同时向许多人笼统地传达感激之情，那么就不要冒着可能会忽视某些人的风险，单独感谢特定的某个团队或是具体的某一个人。其他那些你没有单独提到的团队或者成员，可能会因为觉得自己被忘记了而失望难过。这样做对他们造成的伤害，超过了他们得到认可时的喜悦。

除此之外，不要让你所列出的人员和部门感谢名单变得冗长、面面俱到，因为一一列举过多的人和部门只会让大多数观众都提不起兴趣。如果你不能做到单独感谢特定的某个团队或者具体的某个人时，在不忽略其他同样值得认可的人的前提下，可以说说他们身上共同存在的美好品质和体现的价值，例如：

> 公司中许许多多成员和团队都为我们的成功做出了巨大的贡献，我在这里就不一一列举了。然而，让我们所有人团结在一起的，是我们大家对我们所做的事情的热爱，并且为我们的目标做出的不懈努力。我非常感谢大家。

✔ 快速提示

在你写感谢词的时候，可以用团队中另一个成员的名字替换你要感谢的那个人的名字，然后再检查一下你写的内容是否仍然适用。如果读起来没有发现什么问题，那就需要再花费一些精力让你的表扬能更针对你要感谢的人以及他们获得的特殊成就。

让你的故事变得重要

讲故事在沟通中的重要性已经不是什么秘密了。

在很多书籍、会议、文章、研讨会和播客中，这一概念得到了广泛推广。我们似乎已经达成了一个共识，就是如果在沟通中不讲述一个故事，那么应该重新考虑谈话的内容。

讲故事确实是一种有着独特作用的沟通工具，因为无论是讲述某部引人入胜的小说还是某个具有启发性的时刻，人们都会自然而然地被故事吸引，因此领导者总是会将故事和案例研究纳入他们的沟通策略，并从中获益。

罗德·索恩（Rod Thorn）之前是百事可乐（PepsiCo）、柯达（Kodak）和国际商业机器公司（IBM）的沟通主管，他曾为数百位《财富》世界 500 强企业的领导者提供过咨询，他说："成功的首席执行官应该像尊重资产负债表一样认真对待与团队成员沟通中的故事环节。"

罗德告诉我："团队成员不会因为你给他们提供信息、统计数据或者是图表，甚至是你提出的诉诸理性的循证案件而跟随着你做事情。你的团队成员之所以会追随你，是因为你能让他们觉得自己不仅能胜任日常工作，而且能参与到一些更为重要的事情中。除此之外，你还能给他们带来希望，你会尽一切努力来减轻他们在工作中感受到的痛苦。实现这一目标的最佳方式就是有战略性地、有目的性地给他们讲故事。"

故事讲完就结束了吗？不，还没有结束。故事本身不是讲故事这个环节中最重要的部分。这里可不是笔误，我说的是事实。

故事中最重要的部分

在演讲的语境下，故事本身并不能证明它是有正当理由厕身其中的。故事之于演讲，如同汽车之于旅行，只是个表达有意义观点的载体。如果领导者无法成功地向团队成员传达他们所讲述的故事中要说明的重要观点，那么即使这些故事再引人入胜也是和演讲毫无关联的。这是一个十分严重的问题，领导者讲故事的目的是参与到团队成员之中，并且激励团队成员工作，而不仅仅是娱乐一下大家。

如何使一个故事与一个观点联系起来，不是你的观众需要做的工作。去理解这个故事，然后传达给观众，这是演讲者的工作。这种责任使得类似于以下列举出的这些过渡性话语比故事本身更为重要：

"这个故事说明了为什么我们必须要……"

"这个案例研究证明了……的重要性。"

"这一刻是我开始欣赏……的关键。"

如果不能将你演讲中的故事与你的整个演讲明确地联系起来，那么你所讲的故事会缺乏目的性，也就变得没有什么意义了。

在演讲中，任何一个真实的故事都有助于推进观点。例如，从你六岁的孩子口中说出的至理名言，存在于你的个人经历中的一些故事，或者是你在加工厂中目睹的事件。但在演讲中讲述这些故事的关键，是要将这些有趣时刻与你演讲中的必要信息联系起来。

众所周知，星巴克的首席执行官霍华德·舒尔茨（Howard Schultz）曾讲述自己还是个孩子的时候，父亲因一次事故而无法继续工作，以及这个故事如何激发出他对星巴克员工的关心。美国购鞋网站 Zappos 的首席执行官谢家华（Tony Hsieh）曾讲述他在公司早期工作时认识到建立企业文化具有价值的故事。

✔ **快速提示**

1. 讲故事时尽量保持简明扼要。因为你是想花更多的时间去向观众们阐述重要的观点，而不仅是故事本身。

2. 讲故事时尽量保持低调谦虚。因为故事向观众传递的应该是有关的信息，而不是展示你自己。

3. 讲故事时尽量保持通情达理。不只要与观众分享发生了什么事情，同时也要分享它给你带来的感受。这样做能让你与观众建立起联系。

亚里士多德的沟通艺术

对沟通者和演讲撰稿人来说，最熟悉哲学家亚里士多德的可能就是三类劝说要素 —— 人品诉求（ethos）、理性诉求（logos）和情感诉求（pathos）。

简单来讲，人品诉求就是要依靠你的信誉和性格来对观众做出呼吁，理性诉求是要使自己对观众做出的呼吁合乎逻辑，情感诉求则是要引起观众们情感上的共鸣，以此来使他们接受演讲者的呼吁。

人品诉求、理性诉求和情感诉求这些概念可能来自4世纪，但是在今天，它们仍然非常有用，可以为演讲者提供一些好点子来帮助其提出令人信服的观点。

作家兼执行沟通教练劳伦·塞吉（Lauren Sergy）告诉我："亚里士多德提出的人品诉求、理性诉求和情感诉求三类劝说要素是所有充满说服力论据的支柱。在演讲时能牢记这些技巧的领导者，他们所进行的演讲、谈话或者辩论将能够直接带动观众的情感。"

一旦敲定了你在这次演讲或沟通中的观点，在你充分构思论点之前，可以利用亚里士多德提出的三类劝说要素问问自己以下问题。

▶ 我的个人经历或者专业经验是否可以提高我在团队成员中的可信度？（人品诉求）

举例来说：

"在我的童年时期和大学时代，我参加过竞技运动，所以我了解很多关于失利和失败的感受，以及如何尽快从失利和失败中恢复过来。"

▶ 我是否可以用推理的方式或者罗列数据来构建一个具有逻辑性的案例呢？（理性诉求）

举例来说：

"为什么这个世界上最富有的国家会有如此之高的贫困率和如此紧迫的粮食短缺问题呢？"

▶ 我是否可以分享一个激动人心的故事来让我的团队成员重新思考或者采取新的行动呢？（情感诉求）

举例来说：

"菲利普斯的一生都在与多发性硬化症斗争，这就是为什么我们今天必须要资助这项重要的研究。"

"萨莉告诉我，当她下飞机购买并使用我们的产品的那一刻，她终于有了宾至如归的感觉，非常舒适自在。"

一句话总结：如果你在为一个观点辩护，形容词的使用可能对你的帮助并不大，但是亚里士多德提出的这三类劝说要素可能会对你有所帮助。话说回来，借用亚历山大大帝导师的经验教训怎么可能会出错呢？

检查你使用的"和"、形容词以及道歉

进行有效沟通中的三大障碍通常是以字母 A 开头的，它们是："和"（And）、形容词（Adjective）以及道歉（Apology）。

乍一看这三个单词，如果在沟通中它们没有起到实质性作用的话，似乎并不会成为有效沟通的阻碍。有哪个领导者不想在与团队成员的沟通中多添加一些想法、不想把自己的观点描述得更生动形象、不想在犯错之后向团队成员表示歉意呢？

那我们现在就来看看，这三大障碍的问题到底出在哪里。

"和"字存在的问题

"和"这个字似乎是为一个短语或者观点添加细节

的好方法，这就像你在圣诞树上添加装饰物一样，可以把圣诞树装点得很精致，但是过多的装饰物就会把圣诞树压倒。同理，添加过多的细节可能会破坏你的观点。

看一看这句话：

> 这种有成效和效率高的方法将提醒和激励我们最重要和最相关的受众群体来热爱和珍惜我们的品牌。

现在我们来检查下"和"的使用，然后剔除一些不太重要或者多余的描述细节的成分，就变为：

> 这种有效的方法将激励我们最重要的受众群体来珍惜我们的品牌。

使用描述细节的词语越少、内容越简练的句子其表达效果就越好，我希望你们能同意这一点。这可能看起来是有点矛盾的，但是，一句话中要是包含了过多内容，它们会相互争夺观众的注意力，最终便会削弱了各自的效果。"和"用在那些简单短小的句子里是大忌。

我为一位首席执行官的主题演讲稿检查了其中对"和"的使用。我在她写的稿子中一共找到了五处使用"和"的地方，而在这些地方，我们完全可以将"和"连接的两个想法合并成一个。在大多数情况下，我们剔除的那些单词并不会对想表达的内容有任何影响，因为它们本就是多余的，或者说并没有什么实际意义，而且观众也不太可能记住它们。剔除的过程不仅能让你更加直截了当地表达观点，还能使句子变得更朗朗上口。

　　这个建议并不是在说你必须要从你的字典中删除"和"这个字，这就像从你的饮食中去除碳水化合物一样不可取。你只需将"和"这个字视为评估每句话的标志即可。试着问问自己，在某个观点或者某个句子中，到底是不是真的需要使用很多词语才能把其中的细节描述清楚。你要知道，即便演讲者只是多说了一个单词，对你的观众来说意味着要多听一条信息，这在无形当中给观众增加了工作量。

　　有的时候我会这样告诉我的客户："在沟通中一次性说太多话，你的团队成员可能一点儿都不记得。简短地说几句话，他们可能就会记住其中一些。如果你只说了一句话，他们就一定会记住这句话的全部内容。"

形容词存在的问题

以下两个原因促使你重新审视所有形容词的用法。

第一个原因，就是会在写作和新闻界出现的至理箴言："向观众展示出来，而不是说出来。"删除句子中的形容词会强迫你使用更有意义的、包含具体含义的描述来替换，这些描述性语言的力量是那些被删掉的形容词的十倍。

我从来没当过记者，但是在《海绵宝宝》（*SpongeBob*）这部动画片上映之前，我是尼克国际儿童频道在线（Nickelodeon Online）的作家，那个时候公司并不支持我使用"有趣的"这个形容词。取而代之的是，公司鼓励我们在线作家通过描述性的场景、充满欢乐的细节和插科打诨的笑话来展示《海绵宝宝》这部动画片中的欢乐。因此，这项创造性的工作总是具有吸引力和品牌特色。

"向观众展示出来，而不是说出来。"这一建议对领导者与作家来说有着同样宝贵的价值。

第二个原因就是，很多最常用的形容词包括的含义过于宽泛，所以几乎就相当于没有什么实质性的意义。

下面列举一些没有什么实质意义的形容词（我称这些形容词为劣质形容词）：

► 很好的

► 极好的

► 令人惊叹的

► 很棒的

► 杰出的

► 非常棒的

► 值得的

如果你只是简单地说一个新项目是"很好的"，那你到底是想表达什么呢？可以说一个国家是很好的、一支冰激凌是很好的，也可以说一个拖把是很好的。

作为一名领导者，你的工作就是在沟通中避免使用这些含义模糊的形容词，你要做的是解释这个新项目为什么可以说是很好的，表达清楚这个项目是为了产生什么样的积极影响。

如果想要改掉使用劣质形容词的习惯，那就问问自己为什么会使用这些词。然后，你就可以用问题的答案来替换掉这些劣质形容词：

原来的表述："这是一个很好的项目。"

为什么说它很好呢？

"这个项目将使我们的生产率提高 30%。"

新的表述："这个项目将使我们的生产率提高 30%。"

现在，在你与团队成员的沟通中，你就能把观点直截了当地表达出来了，同时这样表述非常具有说服力，而不是用形容词讲了半天都说不到点上。

道歉存在的问题

对那些要在公众前进行演讲的客户，我告诉他们，公开道歉就像在你自己的脖子上挂一个霓虹灯，上面写着："我搞砸了。"可以肯定的是，这样做是人之常情，这是人性中诚实可信的一部分。但是，这样做会严重损害你在团队中一点一滴建立起来的信任。请时刻记住，"对不起"这三个字就是"我请求你们原谅"的简写，你永远不会对团队成员说"我请求你们原谅"，所以也不要对他们说"对不起"。

对领导者而言，说出"对不起"三个字对你的损害更是成倍的。无论你是否觉得公平，一位领导者在团队成员中的信誉很大程度上取决于他的自信心和对事情肯定的把握，即使是最善意的道歉也会削弱领导者树立的这样的形象。

当然了，我的意思并不是说领导者应该去努力追求完美（他们也不应该这么做），也不是说分享真情实感是一种"智障"行为。但是领导者能采取很多种其他方法来纠正自己的错误，并且在不道歉的情况下也能向团队成员表明自己是真实可信的。

领导者自信地更正自己错误的示例：

"这带来了35%的销售增长，修改为这带来了25%的销售增长。"

"早些时候，我说过有 40 支球队受到了影响。但事实上是有 60 支球队受到了影响。"

"我现在还不知道你提出的这个问题的答案，但是我知道之后会再打给你的。"

注意力磁铁

要想让自己的想法脱颖而出，最简单、最有效的方法之一就是使用"注意力磁铁"来吸引观众的注意，换言之，就是要在沟通中使用能立即突出观点的短句。

以下是一些能很好地吸引观众注意力的说法：

- "事情是这样的……"
- "需要说清楚的是……"
- "我的观点是……"
- "你们需要记住的是……"
- "请大家记住这一点……"
- "如果你只能从这次演讲中收获一点，那这一点就是……"

▶ "我的建议是这样的……"

▶ "这件事情很重要的原因是……"

在与团队成员的沟通中，使用"注意力磁铁"可以迫使你提出一个精确的观点，这在沟通中是一件好事。除此之外，如果你感觉到自己开始漫无目的地讲话并远离主题了，"注意力磁铁"也可以立刻把你拉回到你要讲的关键点上，举例来说：

> 我知道，在之前我们已经开始谈论有关
> 福利的事情了，现在我们谈论的是梦幻假期，
> 但问题是 / 记住这一点 / 我的观点是……

在米歇尔·奥巴马（Michelle Obama）为 2020 年民主党全国代表大会所做的演讲中，她巧妙地使用了不少于三个"注意力磁铁"来吸引观众的注意力：

▶ "那么现在，让我再次告诉大家，这是……"

▶ "让我尽可能诚实地把这件事讲清楚……"

▶ "如果大家只能从我今晚的讲话中得出一点，那么就是……"

需要注意的是："注意力磁铁"确实非常实用，能极为有效地吸引观众的注意力，但是如果你过度使用它们，其力量和效果就会减弱。所以一定要将其用在你最需要观众关注的观点上，其他时候能不用就不用。

✔ 快速提示

在沟通中，你需要大声说出"注意力磁铁"中每一个能吸引对方注意的词，并且选择那些与你的说话风格最贴切的、讲出来最自然的词语。

"三的法则"

在沟通交流中，演讲者使用三个平行的或者是发音相似的单词或短语会让观众立刻产生兴趣，我们通常称之为"三的法则"，也称这种沟通策略为"三平行"（tricolon）。我十分认可这种沟通策略的效果，并且会坚持使用。三平行策略能够很好地反映一首歌或一首诗的节奏，许许多多的领导者在沟通中使用三平行策略时都能达到和团队成员产生共鸣的效果。

在前面一章中，我们一起读过贾斯廷·特鲁多在纽约大学毕业典礼演讲中的节选，他说：

> 因为在我们渴望出人头地的过程中，在我们呵护自己家人的过程中，在我们渴望为这个世界做出贡献、想要把这个世界变得更美好的过程中……

亚伯拉罕·林肯（Abraham Lincoln）在葛底斯堡的演说中就使用了两次三平行策略（其中一次还连着使用了三个以同样的字开头的短语）：

> ……不是我们奉献、圣化、神化了这片土地。

> ……要使这个民有、民治、民享的政府永世长存。

你想听听各位首席执行官是如何使用三平行策略的吗？那我们一起来看看。下面这句话是通用汽车公司（General Motors）的董事长兼首席执行官玛丽·巴拉（Mary Barra）在2017年所说的：

> 通用汽车的愿景是创造一个零碰撞、零

排放和零拥堵的世界。

下面这句话是脸书（Facebook，现已改名为Meta）的创始人兼首席执行官马克·扎克伯格（Mark Zuckerberg）于同年所说的：

> 任何致力于实现远大愿景的人都会被称为疯子，即使他们最终是正确的。任何致力于处理复杂问题的人都会因为没有完全了解挑战而受到指责，即使他们不可能做到预先知道所有的事情。任何采取主动行动的人都会因为行动太快而遭到批评，因为总会有人想让你放慢脚步。

三平行策略不仅适用于社交媒体上发表的公开演讲。以下是一些领导者在面对团队成员时的发言，这些话语可能会出现在他们演讲的开头或结尾，因为它们能带来惊人的效果。例如：

▶ "我们之所以成功，是因为我们有力量。我们的力量体现在我们使命的完整性，我们的力量体现在我们员工辛勤工作，我们的力量体现在我们共同致力于让世界变得更美好。"

▸ "工人看到的是一项任务。经理看到的是一份责任。领导者看到的是一个机会。我们都可以在自己的工作中成为领导者。"

▸ "我们之所以创建这项活动，是因为它最能代表我们正在做的事情、最能体现我们是如何工作的，最能表明我们是怎么样的一个团队。"

正如你在这些例子中感觉到的一样，"三的法则"不仅是一种华丽的修辞手法，它同样具备感染力，能行之有效地吸引观众的注意。

✔ **快速提示**

用三个平行的或是发音相似的部分以从弱到强的顺序构建一个句子。先从最不相关的一个部分开始，再以最相关的一个部分结束，因为在你使用的"三的法则"里，最后一个组成部分将会自然而然地形成这句话的高潮，这也将成为你的团队成员印象最深刻的部分。

强力地开始，坚定地结束

无论是在哪种工作场所，讲话的开始和结束都是沟通或交流的关键时刻。

BigBlueGumball 公司（一家创新型管理与领导咨询、培训及高管培训公司，位于纽约市）的首席执行官托德·切奇（Todd Cherches）告诉我："人们往往会记住他们读到的或听到的第一件事和最后一件事。"他会建议他的客户"以一种能立即吸引观众注意力的方式开始一篇演讲，并以一种能强化其中最有价值的想法的方式结束这篇演讲。"

其实，这就是你想要在一次演讲中达到的效果。但是，你该如何使用具体的沟通策略来实现这种效果呢？

强力地开始

演讲者需要用一个有效的介绍来回答观众的问题："这个演讲对我来说有意义还是没有意义？"

从一个能点明这篇演讲主要观点的故事开始讲起，你就永远不会出错。你讲述的故事越是充满个人色彩、越和你自身相关，你的观众就会越投入。但是在讲完故事之后，你要立刻向观众明确你是谁，也就是给自己定位（如果必要的话），并且点明你想要通过这个故事表达的观点是什么，以及向观众解释清楚为什么这个观点是有意义的。

确定你要在演讲中说的第一个词语也相当重要。这个词语可能是与"好"有关（如"早上好……"），可能是以"我"开头（如"我想和你们分享的结果是……"），甚至是以"谢谢"开始（如"谢谢你的介绍，劳拉"）。确定要在演讲中说的第一个词语，可以让你这篇演讲开始得更有力，目标也就更精准、明确。

坚定地结束

演讲者同样需要用一个有效的结论来回答观众的问题："我应该从这个演讲中获得什么想法呢？"

你想做的不仅是完成你的演讲，归根结底你是想强化在这篇演讲中所要表达的最重要的想法。因此，不要以一段统计数据作为演讲的结尾，也不要以"好吧，这些就是我要讲的全部内容"之类的话结束这次演讲。在一篇演讲的结尾，你要向你的团队成员强调你的观点。毕竟，演讲将要结束的这一刻是观众能接受你的观点的最后一次机会，也可能是最好的机会。

此外，演讲者要确保在此次演讲的最后一句话和随后的会议事务之间留出一个相对安静的时段，作为观众提问、演讲者问答的环节，或者是用这个时间段来提出下一个议程项目。从一篇演讲的结论点匆匆忙忙地过渡到另外一些不太重要的事情上，就会剥夺了观众倾听、消化和思考你的观点所需要的时间，这个时间对观众来说是非常重要的。

✔ 快速提示

作为一名演讲者，你一定要牢记在任何演讲或者评论的前 20 秒中你想对观众说的话。这算是一项安全措施，它能够让你以最清晰的语言、最精炼的词语，以及最强大的自信心来介绍你自己和你在这次演讲中所要表达的观点。同时，在演讲的时候，眼睛要看向你的观众，而不是盯着自己写的笔记。

倾听的语言

受人尊敬的高管通常都是会认真倾听他人说话的人，因为他们能意识到，团队成员既想倾听领导者说的话，同时也想让领导者倾听自己说的话。但是，被动地听团队成员的意见和积极地去倾听这两者之间存在着很大的区别。此外，由于沟通往往是双向的，所以说，倾听团队成员的意见同样是领导的语言中一个重要的组成部分。

变革性领导协会主席兼哈佛大学公共卫生学院讲师里克·富尔怀勒博士（Dr. Rick Fulwiler）于 2018 年 1 月在哈佛大学网站上的一篇文章中写道："建立积极的人际关系是领导力的重要组成部分，其中，倾听又是建立一个良好人际关系中的关键部分。做到积极地倾听团队成员的想法，让他们知道你在关心他们的需求，而且对他们想说的内容是感兴趣的。当团队成员觉得你在关心他们的时候，他们更有可能服从你的领导、听从你的指挥。"

互联网上从来不乏十分有帮助的领导力倾听技巧，

但是在我看来，以下这些建议最为实用。

▶ 始终看向团队成员中的发言者，并与他保持眼神
交流。在视频会议中，这就意味着你要看着的是
冷冰冰的摄像头，而不是在摄像头里那张温暖的
面孔。

▶ 在团队成员发言的时候，多点点头，表示你在仔
细听。点头是表示你支持他们所说的最有效的方
式（这甚至比微笑更有效），因为点头就是在说：
"我听懂了你所说的内容。"请时刻记住，演讲者
的目标不是为了让观众高兴，而是为了把自己的
观点表达清楚。

▶ 不要把倾听团队成员发言的时间当作你计划下一
步要说什么的机会。因为没有做到有效地倾听团
队成员发言而对某个问题或者是某个请求造成误
解，可能会损害团队成员对你的信任。

▶ 避免打断团队成员的发言或是强行让他们结束自
己的发言。这不是领导者的特权，同时，这也是
大家都公认的粗鲁行为。有时候，我们觉得自己

是在肯定团队成员的观点，帮助他们说接下来他们想说的话，即使这在技巧上是正确的，实际上我们这样做是在践踏他们的观点。

▶ 在提供你自己的观点或者提出解决方案之前，你要向演讲者反映出你的问题和顾虑。比如说："我想确保我没听错你说的话。你刚刚是说我们的会议太多了，尤其是在周五。对吗？"即使是你还没有解决这个问题，这种有力表达认可的方式也有助于提升团队成员对你的信任，并对他们显示出你是具备同理心的。

▶ 最后，保持开放的心态去倾听团队成员的想法，不要一味地捍卫自己的观点。身为领导者，讲述自己的观点和倾听团队成员的想法都是一种对话，而不是辩论，所以你要专注于考虑团队成员的想法，而不是急于去反驳他们。

商业教练格伦·洛皮斯（Glenn Llopis）在《福布斯在线》杂志中写道："当员工说他们想让别人听听他们声音的时候，实际上是在说他们希望领导者不仅能听到他们的声音，而且希望领导者能真正明白他们话里的意思和想法。能做到很好地倾听团队成员想法的领导者能创造出更值得信任的透明关系，更能培养出团队成员忠诚的品质。"

让我问你一个问题

在领导者与团队成员的对话中，当领导者提出试探性的问题时，倾听（和学习）会变得富有成效。这样试探性的问题和所有善意的问题一样，都代表着一种好奇心，但是它同样也是一名领导者展示自身那些令人钦佩的优秀品质的机会，这样的优秀品质包括关怀他人、理解他人和学习的热情。

执行教练赖丽莎（Lisa Lai）在 2017 年 1 月《哈佛商业评论》(*Harvard Business Review*) 上发表的一篇题为《成为战略领导者就是要问正确的问题》(*Being a Strategic Leader Is About Asking the Right Questions*) 的文章中写道，领导者需要问团队成员一些具有战略意义的问题，例如，"你为什么要做现在正在做的工作呢？"以及"对我们的团队来说，你觉得成功会是什么样子的呢？"这些问题有助于领导者鼓励其团队成员从战略角度去思考问题。丽莎建议领导者从一个非常基本的问题问起，就是："我们今天在做什么？"

丽莎在文章中还写道："大多数时候，问了这个问题都能让经理们或管理者们意识到那些正在进行中的工作，或是那些超过了本该花费的时间的工作。如果你不能完全搞清楚'我们今天在做什么？'，就无法从战略的角度推动团队成员前进。"

以下是各种各样的问题类型，它们具有双重目的，一是帮助你从团队成员中收集有用的信息，另外也能表现出你对团队成员观点的欣赏。不难发现，它们都是开放型的问题。这并非巧合，因为开放型的问题会产生更具价值且可操作性更高的回答。

具有战略意义的问题：

► "你想要达成的目标是什么？"

► "我们应该如何在整个公司的工作中应用这种方法？"

表示对团队成员认可的问题：

▶ "是谁帮助你完成了这个项目？"

▶ "你是怎么想到这个主意的？"

对团队成员有帮助的问题：

▶ "我能帮你做点什么呢？"

▶ "你需要什么来将项目提升到下一个高度呢？"

　　身为一名领导者，你要尽量避免在公开场合提出具有挑战性的问题，或者具有潜在羞辱含义的问题，以及会显露出自己悲观情绪的问题。这是因为你是领导者而不是同事，你使用的策略和策略产生的影响都会有附加的作用。下面一些例子可能会令人难堪：

▶ "这将要花费多少钱？"

▶ "但是如果发生了……"

▶ "你为什么不考虑考虑……？"

如果这些问题确实至关重要，你可以随后私下与团队成员讨论。

✔ **快速提示**

领导者在构思问题时，要始终保持支持团队成员以及鼓励他们努力工作的态度。团队成员一定不会忽略这一点。

我们需要这样开始一场会议

高效的工作会议能够激励团队成员，而毫无成果的工作会议只会浪费团队成员的时间，还会令他们沮丧，代价如此高昂，实在是得不偿失。这一点你一定明白。但是，富有成效和毫无成果的会议（无论是视频还是面对面的会议）之间最大的区别往往在于如何与团队成员沟通。

由于领导者经常主持会议（或是说他们至少会开始一场会议），因此去探索并发现高管们在领导和参与会议时如何能够提高沟通能力是很有必要的。

提出观点，而不是话题

正如我在这本书前面所提到的那样，当你提出观点时，你是在向团队成员清晰地表达自己的观点、向他们解释你为什么建议这么去做，以及说明如果按照这个观点去工作会带来什么样的影响。当你只是提出话题时，你就只是在向他们抛出你的想法，然后期待能取得最好的结果。高效会议的议程上可能会有一些会议主题，但是领导者也应该做好发言的准备。

▶　会议主题：员工使用社交媒体

　　领导者在会议上提出的观点："我认为应该回顾一下我们内部的社交媒体政策，然后及时更新这些政策。"

▶　会议主题：供应商政策

　　领导者在会议上提出的观点："我关注的是我们可以不再如此依赖供应商。我们回顾一下我们需要的是谁以及为什么需要他们。"

▶ 会议主题：网站流量

领导者在会议上提出的观点："让我们集思广益，讨论一下能够推动网站流量的新数字功能。"

领导者在一次会议之前需要构思 3~4 个简短的且有实际价值的观点或建议，并在活动开始或结束，或是相关议题出现在议程上时传达给团队成员。

你可能没有向团队成员表达出全部观点，但当你专注于"我在向团队成员传达什么内容或者推荐什么观点"时，你会强化自己领导者的角色，而不单单关注"我们应该谈论什么"。

通过提出观点和建议，还可以帮助你确保这次会议同时是在关注后续行动，而不仅是一次讨论。

提前预览你要提出的观点

如果你在会议开始时要提出几点重要的意见，可以先提前预览一下这些内容（例如，"我将介绍以下三个方面：第一方面是、第二方面是、第三方面是"），再提前想想如何过渡（例如，"我想建议的第二件事是"），以及想想如何评论（例如，"我认为第一方面、第二方面和第三方面对我们的成功至关重要"）。

这些预览、过渡和评论将确保你的团队成员能跟得上你要表达的观点，并且能更容易消化和思考。

懂得什么时候结束

有些演讲者的头脑里会有一个声音："他们还不明白你讲我的观点，继续说下去吧！"不要相信那个声音，因为它与现实是脱节的。如果你觉得自己已经讲清楚了，就停下来吧，不用再继续描述下去了。添加不必要的或多余的词语和想法只会淡化你所讲的观点，并且还很容易导致你说的话漫无边际。

走些捷径

有些时候，外界的因素可能会诱使你不按自己原有的思路讲下去，而是去讨论一些其他无关紧要的事情。打断你思路的这些想法可能是突然出现在你脑海中的，也可能是在座的其他人提出的（例如，前一秒，你在谈论如何利用社交媒体；下一秒，你却在谈论你孩子的微博页面）。如果你有一个新的想法，就迅速地把它讲出来，然后立刻停下，再回到你想表达的观点上。

意味深长地、简明扼要地给予赞扬

会议绝对是领导者对团队成员进行意味深长的赞扬、大力支持和积极鼓励的好时机。这里有一个很棒的赞扬团队成员的模板：

▶ 这项工作是谁做的？

▶ 她/他/他们都做了些什么？

▶ 该人员或团队的表现或者能力会对整个组织的目标有什么样的影响？

请注意，对"你会用什么形容词来描述你的成就"这个问题，是没有精彩回答的。因为你现在已经知道了，仅列举几个形容词不足以说明问题。但是，这也并不意味着你不能使用形容词，只是请你不要过多地依赖它们。

最后一点，要知道没有什么比漫无边际的话语更能毁掉一个好的祝酒词了。所以，你的致谢要有清晰的条理，并控制在两分钟或者更短的时间内。大家从来不会因祝酒词太短而有意见，但总是会因祝酒词太长而感到乏味。

✔ **快速提示**

你是否曾经在会议或者活动中感觉难以吸引团队成员的注意力？无论如何，也不要乞求他们来注意你（例如，"请大家注意，我想开始……"），或者试着用比他们声音更大的音量说话，这有可能会让他们错过重要的信息。相反，你需要反复表达一种礼貌的情绪（例如，"大家早上好……大家早上好……大家早上好……"）。

这种重复会以一种积极的态度而不是责备的方式吸引团队成员的注意力，很快他们就能做好聆听你讲话的准备。

不需要担心的事情

关于领导沟通还有很多需要了解的内容和学习的地方，到目前为止，你应该已经学到了一些有用的技巧，这是非常好的，因为你之前在互联网上搜到的建议，不见得每一条都有价值。我经常遇到一些客户，他们把宝贵的时间浪费在无效的沟通建议或是无关紧要的问题上。

他们很有可能是通过观看其他演讲者的讲话、阅读构思不周的文章或是听从并不专业的同事学到的这些没有什么实际作用的方法。最后，还需要再补充一些领导沟通中并不是那么重要的事项。

你的外表

虽然说在演讲中或领导活动中，你永远不应该穿着不合适或者邋里邋遢。但是要知道，你的衬衫和围巾的颜色以及你的牙齿干净与否，对你表达观点的能力几乎没有任何影响。这就是为什么我不鼓励领导者对着镜子练习演讲的原因。当我们对着镜子练习演讲的时候，会立即对自己的外表进行评估，可是又有谁会对着镜子问："我这样能将我的观点表达清楚吗？"然而，这个问题是团队沟通中最重要的问题。你的团队中没有人会把你的演讲看作是一场时装秀，同样，你也不应该过多地关注自己的着装和外表。

你的有趣程度

让你的团队成员开怀大笑或者嘴角上扬肯定会吸引他们的注意力，但是这种效果与能否激励他们并没有多大的关系。你的目标是让他们参与到你的沟通当中，并能从与你的沟通中受到激励。如果你本身就不是一个自带幽默细胞的人，那就不要把重点过多地放在如何在沟通中逗笑团队成员。当然了，也不要试图把自己变得幽默风趣。相反，你的沟通重点要放在你的观点有何目的上，以及你作为领导者所能展现出来的力量。

如果你的目标是"打破僵局"，或者想让团队成员觉得你是一位通情达理的领导者，那么讲述一个有关你个人的故事甚至比一个笑话更加有效。因为讲述一个关于你的故事除了能立刻吸引团队成员的注意力，还能帮助你用现实生活中的例子来说明你的观点。如果是讲一个笑话，这个笑话讲完后大家哈哈一笑，这次讲述就结束了，并不会有什么实质性的作用，也不会辅助你表达自己的观点。

声音的变化

一些公共演讲培训师会指导客户去丰富他们"声音的多样性"。没错，观众能听到演讲者时不时地改变他们讲话的节奏和语调是很好的，但是大多数演讲者已经具备了自己独特的演讲风格和语音语调。在观众心里，这些是独一无二的，而且会让演讲者显得更加真实。故意改变说话风格也可能会让你说出的话听起来很不自然，因为这对你来说本就是不自然的。你要明白，你演讲的目的是让观众参与到你的沟通当中，并能从与你的沟通中受到激励，而不是给他们表演节目。多变的声音是一个很好的特质，但远不是作为一名演讲者必须具备的条件。

完美

对一名领导者而言，沟通是一项工作，而不是一场比赛。没有评委会因为你在沟通中咳嗽了几声、打了几下喷嚏、支支吾吾地说了几次"啊"或"嗯"就等着扣你的技术分。正如我在这本书前面提到的那样，别把完美当成沟通的目标，也别考虑在沟通中表现得尽善尽美能给你带来什么好处。相反，做好你作为领导者必须要完成的工作，也就是有效地向团队成员传达你的观点，哪怕你在沟通中做得并不完美。

你忘记说的那部分

对领导者或任何演讲者来说，忘记本来想说的某个细节或者某个部分是非常常见的问题。我认识许多领导者甚至会为此自责。但是，请不要太内疚，你的团队成员是不会介意这些的，因为他们从一开始就不知道你的演讲中存在着这些细节。

请时刻记住，你的团队成员是不会记住你说的每一句话的，因此你的主要责任是确保团队成员了解了他们必须要知道的信息和观点，并且确保他们一定会牢记于心。

三

因势利导

发掘并利用
技术工具

像你以前从未和这些人说过话一样交流。你所采取的每一项行动都必须得到每一位员工的理解。

——杰克·韦尔奇（Jack Welch）

新一代技术极大地改变了我们在工作中的沟通方式，尤其是电子邮件、幻灯片、数字视频和线上视频会议平台，都成了我们沟通中不可或缺的工具。

到目前为止，大多数人都觉得通过发送电子邮件、制作幻灯片、用手机拍摄视频的方式来交流是一件得心应手的事情，即使是在线上会议中站起来跳几下都不会让人感到奇怪。不过，我遇到的一些领导者仍然会在这方面有所欠缺，他们对这些新一代技术并不完全了解，甚至在某些情况下还会滥用这些技术，最终导致他们无法很好地参与到团队工作当中，从而削弱了其激励团队成员的能力。

现在，让我们好好了解一下应该如何利用这些沟通工具去强化领导者要表达的观点，增加其在团队工作中的参与感，并将团队执行力最大化。

了解这些技术平台

不久之前，商业领袖与团队成员之间的沟通方式主要有两种：大声说话和用更大的声音说话。但是，由于现在有越来越多的员工在家办公，领导者可以采用各种各样的面对面、远程和线上虚拟会议平台与团队成员进行沟通。

下面是一些领导者与团队成员在正式沟通中会选择的方式，这些方式能在同一时刻把消息传达给大家：

- ▶ 面对面的现场会议和协商
- ▶ 视频会议
- ▶ 视频信息
- ▶ 所有员工、部门或团队的电子邮件
- ▶ 组织内部的播客

- ▶　组织内部的通信文章
- ▶　组织内部的网站 / 社区平台
- ▶　即时消息

　　有许多领导者会根据他们对沟通平台的感觉与体验来选择到底用哪种平台与团队成员沟通。其实这是错误的方法，原因有两个：首先，这种方法忽视了每个沟通平台各自的优势和劣势；其次，坦率来说，如果你不愿意去尝试那些你使用起来不舒服，但最适合团队成员的工具和平台，那么你可能并不适合成为一名领导者。

　　这些工具和平台各有各的特色，但领导者不能将它们互换使用，在特定条件下选择使用正确的工具和平台，主要取决于两个问题：

　　（1）我这次沟通的目的是什么，这个任务有多紧迫？

　　（2）我选择这个媒介的功能、时机和氛围是否与这一目的表达最相符合，能不能体现任务的紧迫性呢？

　　根据以上两个问题，可以提出正确选择平台的几点建议：

电子邮件和即时消息

如果你需要与团队成员共享的信息十分紧急，你可以选择通过电子邮件和即时消息的方式，但要意识到这两种方式不适合传达包含太多细节或是需要联系大量上下文的内容，因为团队成员希望短时间内得到关键信息。这两种平台确实会让沟通变得更迅速，然而通常也会更随意、不正式，因此，如果你想向团队成员传递的是非常严肃或者非常重要的信息，是否使用这两种平台还要三思。

员工的电子邮件、组织内部的通信文章和社交平台帖子

在员工的电子邮件、组织内部的通信文章或者组织内部的网络／社区平台上，领导者可以发布更多详细信息。但是一定要注意，在发布相关的详细信息时，需要将文本多分出几个段落，并且要尽可能保持信息的简洁，以便于读者阅读和处理。这类平台适用于领导者传递由多个部分组合而成的消息，或者是有更详细描述的信息，因为接收到信息的团队成员能够花费

更多的时间来阅读和处理你在这则消息中表达的内容和观点。

视频消息

如果你选择用视频消息的方式与团队成员沟通，就大家的参与程度而言，视频开始的一到两分钟是最有效的时间。因此，领导者要提前编排好两到三个想要表达的观点，并先进行几次练习（练习的时候别太引人注目，不要虚张声势）。个人视频消息并不是一种传达包含复杂细节消息的有效媒介。因为听众必须要按照视频中你的节奏来听取具体内容，而不是按照他们自己的节奏。因此个人视频消息应该少包含过多复杂和详细的消息，而多用于表达激励和认可。

视频消息最大的缺点在于，在一则消息中你能传达的内容非常有限。视频是依赖于真实性的，如果观众认为你是在读稿子，或者他们看到你经常低头看笔记，那么这则消息的真实性就会减弱。你需要知道的一条通则是，与其给观众留下一个过于完美的印象，不如给观众留下一个不太完美的印象，因为大家会觉得不太完美的视频消息比过于完美的视频消息要更加真实。

如果你有提词器，而且在使用它的时候能表现得非常自然，那么在这方面你就有了优势。然而，许多高管并没有提词器的技术帮助，或者他们不能以一种让团队成员觉得非常自然的方式读出提词器上面的字。这就是为什么在视频中表达观点时需要精炼，因为你需要依赖自己的知识和记忆来表达出这些观点和内容。

会议演讲和讨论

如果你需要就自己的观点与团队成员进行更深入的探讨，会议演讲和讨论通常是最好的沟通方式。因为团队成员一般已经做好了把自己手头上的任务先放在一边的打算，准备投入更多的时间和注意力参与会议。领导者需要保证这些会议演讲和讨论已经做好了充分准备，也安排好了时间。也正因如此，尽管正式的演讲和会议适合对问题进行深入彻底的探讨，但是在那些需要快速发布紧急信息的时刻，它们并不是明智的选择。

写下来不是录下来

选择平台更简单的一个方法就是问问自己：我要将信息写下来（即通过电子邮件、博客、即时消息、组织内部的社区平台），还是录下来（即通过视频消息、播客）？

领导者要在"录下来"和"写下来"之间做出明智的选择，需先了解每种方式具体的优缺点（参见表3-1和表3-2中提到的要素以及其他建议）。

表3-1 视频录像沟通（现场连线或预先拍摄的视频）

优点	缺点	对领导者来说这意味着什么
你可以更好地通过自己的声音和面部表情向团队成员传递激情、真实感和承诺。	视频录像要求团队成员不得不在你规定的时间内理解特定的内容，而不是按照他们自己的时间安排。虽然在播放中可以将视频暂停，但是很少有人为了思考他们刚才看到的画面而暂停。所以你得确保大家能立刻理解你要传达的信息。	当交流的主要目的是传达对团队成员的激励、鼓舞和认可，而不是信息的具体解释和细节内容时，可以选择视频录像的形式来与大家沟通。

优点	缺点	对领导者来说这意味着什么
你可以在视频录像中添加动态图像和现有的视频片段，以将所要传达的观点可视化，帮助团队成员更好地理解内容。这些图像还可以替代任何你所需要的视觉编辑材料。	视频录像更加难以保证消息的精确程度，也不方便让他人提前阅读和审阅。	在视频录像中可以包含一条或两条的支持性信息或者图像示例。
	拍摄视频录像时你得看着摄像机，所以很大程度上要依赖自己的知识和记忆来传达消息。	需要知道1~2分钟的视频录像大约能表达250~300字。
	视频录像拍摄好之后，如果要对其内容进行更改，会更困难。	

表3-2　书面文字沟通

优点	缺点	对领导者来说这意味着什么
你的团队成员能够按照他们自己的时间安排进行书面沟通。与视频录像的方式相比，书面的形式能让他们更加轻松容易地随时暂停阅读、放慢阅读速度、重读、思考以及标注重点的材料内容。	采用书面文字沟通时，领导者无法让团队成员听到自己的声音，也无法用面部表情给大家暗示，这在某些情况下会导致团队成员对内容和信息的误解，尤其是在领导者使用幽默的语气或者口头语的时候。	当交流的目的是向团队成员详细解释有关信息时，可以选择书面文字沟通。
书面文字沟通能提高信息传递的准确性。	阅读文字的故事没有听故事那么引人入胜。	一份团队内部的执行备忘录大约可以短至250字，长至700字，还可以包括诸如副标题和项目符号之类辅助阅读的工具。①

优点	缺点	对领导者来说这意味着什么
其他利益相关者可以提前对书面文字材料进行全面的审查，且在多个信息传递阶段中都可以更改文字的内容。	如果没有面部表情和语言语调变化的帮助，领导者所展现出的激情、热烈和真实性很难令团队成员信服。	

① 书面文字沟通中使用项目符号和副标题会更官方，而非个人化。因此使用这些辅助工具能分解冗长复杂的书面文字内容，比如介绍新政策或重组公告。但是在表达对团队成员的感激或鼓励时，不要使用项目符号和副标题。

　　无论领导者最后选择哪一个平台与团队成员进行沟通，都会有与其相对应的优缺点。领导者在多个沟通平台中进行选择的时候，更多的是取决于所拥有的特定资源、技术和工作人员，所以请咨询你的内部沟通团队或人力资源团队，参考一下他们的意见。

对线上视频会议的深远影响

　　新冠肺炎疫情在 2020 年席卷全球，有数千万上班族在家办公，这使得线上视频会议从"有用的"办公工具变成了"绝对必要的"办公工具。尽管这项惊人的视频技术十分受领导者的欢迎，但是许多沟通者并没有意识到，现实中会议室里的效果在线上视频会议里并不总是能实现。

视频会议疲劳征

所谓的"视频会议疲劳征"是一种真实存在的现象，其表现为上班族在"工作模式"和"家庭模式"之间难以协调，同时受到多个视觉线索的轰炸，员工短时间内要看很多信息，并且要对电脑屏幕保持"持续的注视"，这会给眼睛增加巨大的压力。其实，光是读一张任务一览表就很疲惫了。

尤其是对领导者而言，如果不能识别或者不适应现代线上视频会议平台的特定技术和视觉画面，与团队成员的沟通便会受到限制，沟通效果也会减弱。

好在现在学还来得及。在某些情况下，如果你知道在线上视频会议中眼睛要看向哪里，确实可以避免大多数视频会议中的陷阱。

眼神交流

眼神交流是一种重要的沟通方式，但是在视频会议中，注视某人的眼睛意味着要注视电脑内部或是外部摄像头上的小黑点，而不是屏幕上同事的脸庞。这样做会让人感到尴尬，因为这会混淆我们的感官——毕竟在我们之前的人生中都是看着别人的脸庞与之交谈的。但在线上视频会议中就不一样了。

无论是内置的相机还是外置的摄像头，它们都在你的眼睛上方，你就不得不抬起头去看，这也是很尴尬的一点。稍微降低显示器的高度便能解决这个问题，因为这样你就可以直视摄像头（而且头向下低一点就能看到屏幕），而不是直视屏幕，抬着头去看摄像头。

虽然没有必要在整个会议中一直盯着摄像头看，但是在以下这些时刻，与团队成员进行直接的眼神交流是特别重要的：

▶ 发表重要的演讲

▶ 直接回应某个人

▶ 提出最重要的观点

领导者需要练习在开线上视频会议时看向电脑的
摄像头。练习得越多，正式开会时看向摄像头的时候
就会越自然随意。

明智地塑造自己

在线下面对面的会议中，视觉环境对你的唯一要
求就是你的身体，也就是要保持仪态端正。但是在线
上视频会议中，视觉环境便对你有了更高的要求，包
括背景、图像框，有时甚至还对你的家人和宠物提出
要求。我总是惊讶于一些领导者在线上的视频会议中
并不注意看视频中的自己。如果注意观察视频中的自
己，他们可能就会注意到自己离摄像头太近或者太远，
也许头在视频中被截掉了，脸庞和身子完全处在阴影
当中，或者是身后出现了一个会分散观众注意力的
背景。

我建议大家在视频会议中尽可能地用头和肩膀填
充图像的边框，并保持摄像头与眼睛水平或者略高于
眼睛。占据屏幕主要部分的应该是你的脸和身体，而
不是你的房间。

领导者在进行线上视频会议时要特别注意背景画面。凌乱不堪的房间可能会让你看起来杂乱无章。除此之外，房间中摆放的那些别具一格的玩具、物品和海报在给线上视频会议添加亮点的同时，可能也会分散团队成员的注意力，他们将不会专注于你的观点。身为领导者，你要选择在一个能反映你的专业知识或者职业水准的简单背景环境下与团队成员进行线上视频会议，并且要记住：在图像框中出现的任何东西，它们要么会强化你的观点，要么会弱化你的观点。

特别要说的是线上视频会议中的虚拟背景，它不仅会分散大家的注意力，还会在视频会议的画面中加入明显的人造元素，让大家感觉不自然。这些感官上的不匹配会损害你在团队成员当中的可信度，他们要投入更多的注意力来倾听你传达的信息，这将会进一步加剧线上视频会议的疲劳感。

最后要说的是，如果你的孩子和宠物出现在了线上视频会议中，团队成员可能会对他们的"破坏"非常宽容。这些分散注意力的事物是生活的一部分，你只要保持沉默，不积极去回应就行了。但这恰恰就是我需要强调的地方：在正式的演讲中，或者是要向团队成员分享重要信息时，一定要意识到孩子的吵闹和喧哗的背景声音不仅会分散观众的注意力，同时它们也会让你分心。在一些预先安排好的重要时刻——此时，有效的沟通是很重要的，你需要提前制定好计划，让孩子在另一个房间活动，或者是找别人来照顾孩子。

集中注意力，专注于现在

在线上视频会议中，你会很容易忘记参加会议的人正在看着屏幕中的自己，但其实线上视频会议比现场会议更容易关注到会议参与者。同时，在参加线上视频会议时，无论是智能手机、电子邮件还是咖啡机，都会比参加现场会议时更容易分散注意力。

领导者需要格外留心这些"陷阱"，并加强管理。关掉你的电子邮件，收起你的手机，并且消除其他干扰。要记住，你总是"在镜头前面"的，你所做的每件事，大到你在线上视频会议中的注意力，小到你对饮食的关注程度，这些统统都在反映你的领导力。

我的小妙招：即使是在家开线上视频会议，也不要当作自己是在家里，要设想自己是在工作岗位上。这样做或许会激发你作为领导者更为自觉和负责任的本能。

保持声音强有力

对领导者来说，不能仅仅因为有了一个麦克风就无视自己的说话声音，或者是采用像与别人对话时一样的音量说话。正如我在《说到点子上！直奔主题，一击必胜的高效沟通手册》（*Get to the Point! Sharpen Your Message and Make Your Words Matter*）一书中所强调的，你的音量越大，声音就越清晰。除此之外，强有力的声音还能向团队成员展示你的权威、信誉、信心、能力和专业知识，这些都是作为一名领导者必不可少的要素。

领导者在线上视频会议中发言时，要使用与在现场会议中同样强有力的声音来展现自己的这些重要品质。

把笔记收起来

为了与团队成员尽可能多地进行眼神交流和保持

面对面的相视，你需要把自己的演讲笔记放在靠近摄像头的地方。我通常会在电脑屏幕周围贴上便笺，或者将屏幕上的电子便笺或电子文档尽可能靠近摄像头的位置。

我的经验法则是：笔记应该离摄像头足够近，这样你就可以只动动眼球，而不是移动你的头或者脖子才能看到它们。这种策略会使你的脸始终保持着正面朝向观众，并处在屏幕的中心位置，这样就能最大限度地扩大眼神交流的范围。

使用工具

现代视频会议中的观众喜欢演讲者与他们互动，甚至有些观众非常期待这种互动。这并不意味着领导者必须要学习如何在视频会议中进行民意调查、操作白色书写板或休息室。最简单也是最具有交际功能的工具是视频会议中的聊天框。领导者可以使用聊天框向团队成员提出具体的问题，并征求大家的小妙招。你可以要求团队成员在视频会议中保持严肃，例如，在让他们提出改善萎靡不振的销售额建议的时候，也可以给团队成员营造一个轻松的氛围，就像他们获得月度优秀团队奖时一样。

领导者有策略地使用聊天工具能表现出你重视整个团队、成员的投入以及大家之间的协作。有一条经验法则叫作"七秒钟"。"七秒钟"是你在向团队成员提出新的问题或是给大家讲述后面的内容之前应该等待大家思考的时间。我是在一次会议上听到了"七秒钟"这个建议。事实上，"七秒钟"足够确保每个想发表自己观点的人都有说话的机会。这个时间不能持续太久，如果给观众太多思考时间，大家便会陷入沉默，视频会议的气氛就会异常尴尬。

✔ 快速提示

在我现在工作的地方，大家都使用视频会议而不是由高管用智能手机录制简短的（1~2分钟）视频发给员工。安排这些视频会议的唯一目的其实就是录制高管视频。用视频会议录制高管视频有以下几个优点。

优点1：高管已经习惯在视频会议中讲

话，在视频会议中大家不会拐弯抹角地说话。

优点2：无论视频会议中的观众来自哪里，是一名观众还是多名观众，他们都可以实际参与指导演讲者，或者给演讲者反馈。

优点3：视频会议的参与者可以创建一个包含演讲者笔记的虚拟背景，然后把它挪到摄像头旁边。然后，高管就只需看摄像头和笔记了。（如果演讲稿不能融入参与者的虚拟背景当中，可能是因为演讲稿太复杂了。请将其缩短简化。）

如果采用这种方法，请确保除演讲者之外的所有人都处于静音状态，并且录制视频的人（主持人）要使用"演讲者视图"放大演讲者的图像。

写更有效的电子邮件

我有许多客户受到了我的鼓励，在他们的演讲稿和写作中都强调了自己的观点。但是他们在写电子邮件时却忘记了这点。然而讽刺的是，在工作的大部分时间中，领导者和我们多数人都是在用邮件沟通。提高电子邮件的质量要从整封邮件的第一行开始。

电子邮件中的"主题行"意识

你的观点将通过主题这一行给接收者留下第一印象，因此在主题行中直接明确地表达自己的观点至关重要。然而，许多电子邮件的主题行表达的观点过于笼统，这就几乎毫无意义了。

在我写这篇文章的时候，我的收件箱中电子邮件常见的主题行有以下几种：

▶ "星期三"

▶ "回复：反馈"

▶ "2700 次观看"

▶ "会议"

▶ "你的电子邮件"

▶ "回复：回复：今天"

你能从这些主题行中看出这些电子邮件想表达什么观点吗？你肯定不能看出来，就连我也不能。

出于好奇，我就在所有电子邮件中搜索了"今天"这两个字，发现在我的邮箱里有几十封电子邮件的主题写的都是"今天"，有一些甚至是多年前的电子邮件，但相同主题的每一封邮件都是关于完全不同的事情。

你现在可以想象一下，领导者将一个重要的执行命令或者想法隐藏在主题行为"回复：回复：回复：回复：回复：回复：问题4"的电子邮件中，如果一些接收者认为这条来往多次的回复中不再有与他们相关、对他们有意义的内容，或者认为这封电子邮件已经过时，那么他们甚至可能永远不会打开这封电子邮件。

以下是一些更为直观的主题行示例：

- ▶ "库存报告分析"
- ▶ "苹果合作说明"
- ▶ "名人视频创意"

将主题行中冒号前的每个字母都大写，同样是一种非常好的用来表明非常紧急的需求或者命令的做法，例如：

- ▶ "紧急情况（URGENT）: Xxx"
- ▶ "政策变更（POLICY CHANGE）: Xxx"
- ▶ "请求采取的行动（ACTION REQUESTED）: Xxx"
- ▶ "会议变更（MEETING CHANGE）: Xxx"

有些时候，我会收到对这项建议的反驳。有些人认为将主题行中冒号前的每个字母都大写是绝对不可行的，因为这么做就是在虚张声势地传达信息。但是，我从未收到过以这种主题发送的任何一封电子邮件的收件人反馈给我这样的想法，而我的意图仅仅是让这一封紧急的电子邮件能从其他电子邮件中脱颖而出，从而让接收者迅速注意到。在这里要搞清楚的是，只需要将主题行中冒号前的字母大写，其余的单词都不用，这并不是在虚张声势，而是在向接收者发送信号。

最后，不要害怕修改正在来往回复的电子邮件中的主题行。对主题行进行修改是为了确保接收者能一眼看到你发送的电子邮件。保证主题行的表达直观清晰比保持主题行一致更加重要。请相信我，这个举动是不犯法的，更不会有警察把你抓走。

电子邮件中的正文书写

电子邮件的正文要以"嗨，苏珊"或者是"早上好，杰克"这样的问候和称呼开头。

这看上去似乎是一件并不太重要的小事，但是一封以问候和称呼开始的电子邮件给接收者的感觉是温暖、舒服的。如果一封电子邮件的正文没有问候，那么这封电子邮件可能会显得书写得过于匆忙、语气略显生硬，甚至会让人感到愤怒。

所以身为领导者，如果你同时给多个人发送电子邮件，请考虑使用"嗨，团队成员们"或者是"嗨，大家好"这样的说法。

至于电子邮件中的具体内容，请删掉里面没用的字。当你在一封电子邮件中表达三个或三个以上的想法时，请记得在前面加上项目符号或数字，并且要多分出几个段落。

　　我建议电子邮件的每一个段落都控制在四个句子以内，而且是越少越好。一封电子邮件中有超过四句话的段落，对你的读者来说将会是一个过重的负担。因为有的人没有时间仔细阅读这封电子邮件，只会快速地浏览一下。

　　如果你的电子邮件是在向团队成员表达感激之情，请记得要详细说明感谢他们的"具体原因"，让这种认可变得有意义。

以行动上的号召作为电子邮件的结尾

　　在结束一封电子邮件的时候，要以具体的建议或者是下一步的行动作为结尾，例如委派给团队成员具体的职责、提议下次会议的日期、提出组建团队的建议或是自愿采取个人行动。这是为了给电子邮件注入动力，鼓励大家进行具体的行动，同时在团队成员中引起响应。

用心阅读电子邮件中的内容

领导者不仅应该了解如何写电子邮件，还应该了解如何阅读电子邮件。这里有一条明智的建议：在阅读完这封电子邮件的全部内容之前先不要急着回复，因为它可能包含多种要求以及好几个关键的信息点。如果你的回复不能覆盖完整的内容，就会让发件人感到沮丧，可能对方还需要再另外发送一封电子邮件来向你解释。

✔ **快速提示**

领导者在发送电子邮件之前，先问问自己以下几个问题：

► 我在这个电子邮件中的观点是什么？

► 我的主题行能起到作用吗？

► 我是否在正文中清楚扼要地阐述了我的观点？

► 我的电子邮件结尾是否包括了具体的行动步骤？

► 我是不是在这封电子邮件中一次性提出了过多的要求？

> ▶ 我是否检查了像拼写错误这样低级的错误呢？（如果你想将整封邮件校对彻底地校对一遍，那就大声朗读出这封电子邮件。）

在幻灯片中彰显权力

作者注：我意识到 PowerPoint（Microsoft 微软公司的演示文稿软件）有很多替代品，包括 Prezi、Keynote、Canva、Google Slides 和 Visme 这些平台都可以用来制作幻灯片，但是考虑到 PowerPoint 已经是被大家普遍接受并首选使用的软件，所以我会坚持使用 PowerPoint 这个幻灯片界的鼻祖。但是不管怎样，以下提到的许多建议都适用于各种幻灯片制作平台。（如果你使用的是 Prezi，我同样推荐你这样去做。）

根据我的专业经验，高管沟通中许多大的争议都与使用幻灯片有关。一些人宣称这个工具"死板，毫无用处和意义"，或者说它是"邪恶的存在"。然而，另外一些人在坚持使用它，却没有考虑去更新一下他们那些看上去像来自 2002 年的枯燥乏味的幻灯片模板。许多设计专家喜欢给观众呈现充满活力的视觉冲击，所以会在幻灯片上尽可能少用或干脆不使用文字。然而，也有许多专家认为标题、项目符号和文本元素是幻灯片中不可缺少的部分。

我支持幻灯片带有标题、项目符号和文本元素，因为这样的幻灯片具有强化观点的重要作用。如果你的视觉学习能力很强且相对而言听觉学习能力较弱（像我一样），这一点就尤为重要。我们需要这些能强化观点的视觉效果。

另外，领导者需要记住，你的目标不是让观众对着制作得非常漂亮的幻灯片说"哇哦"，而是要让他们在看到把观点展现得淋漓尽致的幻灯片时说"哦哦哦！原来如此"。领导者要加倍努力，尝试使用一切工具和策略去实现这一点。

以下是一些具体的建议，可以帮助你利用幻灯片提升自己在团队中的参与程度以及增强会议的目的性：

- 删减幻灯片上完整的句子，并且把复合句分解成一个个简单的部分。当大量的文字堆砌在一起的时候，观众难以快速有效地消化。

- 使用项目符号将想法与想法隔开。一些教练建议采用 5×5 或者 6×6 的方法（项目符号的个数 × 每个项目符号后面具体内容的字数，也就是说，如果有 5 个项目符号，那每个项目符号后面也要有 5 个字；如果有 6 个项目符号，那每个项目符号后面就要有 6 个字）。不过，我建议大家简单了解一下这个方法即可，在表达观点的时候，需要用多少个项目符号以及项目符号后面具体内容的字数多少，可以依情况而定。

- 在理想的情况下，每张幻灯片都应该展示一个具体的观点。领导者需要清楚地知道这个观点是什么，并且在后面的评论中要明确地表达出：

  "这些发现说明了为什么……"

  "这些方法使我们能够……"

  "这些伙伴关系对我们的……来说是至关重要的。"

请注意，这些示例不仅是用来共享某些内容或给一些内容下定义（例如，和团队成员说"这有一些方法"），这些示例还表达了该内容的目的以及对团队的影响（例如和团队成员说"这些方法使我们能够接触到目标客户"）。

► 如果观众不能立刻读懂你在幻灯片上列的图表，那么就只展示他们可以明白的部分，或者使用项目符号来突出你的发现。如果在幻灯片中，领导者展现的内容让大家看不明白，就会让观众觉得你在做幻灯片的时候没有充分考虑到他们。

► 你必须要认识到每张幻灯片最顶部留给标题的位置是这张幻灯片的"黄金地段"。这是观众最先阅读的内容，也是帮助他们寻找这张幻灯片中心观点和线索的唯一元素。但是，当演讲者用极为普通的词语和简单的分类，例如，"背景""数据""消费者趋势""我们的合作伙伴关系""行业分析"和"为什么这一点很重要"来作为这一页的标题时，就浪费掉了这一"黄金地段"。

演讲者需要更有效地利用幻灯片最顶部的标题区域，以独特的幻灯片式标题来介绍这张幻灯片的主要内容，并且强化其中的重要观点，举几个例子来说：

▶ "食品消费者受社交广告的影响"

▶ "引领这个行业"

▶ "伙伴关系扩大了我们的影响"

▶ "我们的新产品线"

数字视频

现在，只要拿起智能手机就能拍摄视频，制作高管视频（无论是在同事的帮助下拍摄还是自拍）也变得再简单不过了。但是在拍摄简单的视频和有效的视频之间存在着天壤之别。

拍摄引人注目的高管视频的基本原则是：保证视频简短、真实且能鼓舞人心。

所谓视频简短，就是把视频限制在一个具体的观点上，而不是同时列出好几个主题。身为领导者，精心地设计一个视频，保证你在视频中的表达足够丰富即可。切忌在视频中讲述太多内容，这样你需要一个脚本或者在旁边写很多笔记才能记住要讲的内容。在视频的最后加上一两句对观众的致谢和感激，这一点永远不可或缺。

以下是一个简单易记的拍摄视频内容的提纲：

（1）大家好！（避免使用一些具有性别指向性的说法。比如，"嘿，伙计们"，或者是"各位女士，早上好"，又或者是默认的"他 / 他的"这些代词。）

（2）表达自己的观点。

（3）这些观点对团队产生的影响。

（4）非常感谢大家！

所谓真实性，就是视频的内容要发自内心，而不是照本宣科。我尝试过根据提示卡、提词器和完整的脚本讲述内容，以及完全自发地表达内心的观点。事实证明，完全自发地表达自己内心的观点具有最好的效果。虽然这样会使内容缺乏一些精准性，但是你所失去的，可以通过在团队中获得的参与感和信任感弥补回来。

请记住，你用来提醒自己的笔记一定要简洁，笔记只是一种提示，不能是成篇的段落。下面是一组简洁的视频演讲提示笔记的示例：

---

1. 大家好！
2. 感谢大家的奉献！
3. 新底特律呼叫中心。
4. 欢迎新的销售副总裁凯莎·布莱恩
   女士（Keisha Bryan）。
5. "提高用户的体验"。
6. 谢谢大家！

可以把这个提纲写在纸质便笺上，也可以写在电子便笺上。但如果是纸质便笺，要尽可能把它贴在靠近电脑上摄像头的位置。如果是电子便笺，就要保证把它拖到电脑屏幕上最靠近摄像头的地方，以确保你在说话的时候能最大限度地与观众在镜头中进行眼神交流。

除此之外，还要保证视频是鼓舞人心的，这就意味着领导者要在视频中给自己的团队成员一个充满希望的理由。由于视频很简短，高管视频应该更多地与团队成员进行情感上的交流，而不仅是言语上的沟通。当你不再注重视频中要表达的内容细节和结构，而是说一些发自肺腑的、有意义的和令人鼓舞的话时，这个视频就会显得更加诚恳、不呆板。领导者与团队成员沟通时要保持兴奋的状态，因为这种状态具有感染力，团队成员也会因此感到兴奋。

考虑到观众注意力持续的时间，高管视频的时长应该控制在 1~3 分钟。而且由于这类视频制作起来很容易，所以我建议大家可以先进行 3~5 次练习。根据我的经验，通常在第 3 次或者第 4 次表达得最好，此时领导者对他们要表达的内容最为熟悉。

✔ 快速提示

你可以随意在编辑视频时插入引人注目的图片或作为补充说明的视频片段（即"辅助镜头"，在主要视频片段里选择性地穿插或者覆盖一系列的视频），但前提是这些图片与视频

片段是与内容和观点相关且有意义的，而不仅起到修饰作用。高管视频后期编辑得越多，其真实性就越差。高管视频的目的是让领导者在参与团队成员工作时显得更真诚，而不是为了赢得自拍奖项。所以，在录制视频时要时刻记住，内容的真实性远在艺术性之上。

四

情景研究

针对具体
事件的策略

确保我们交谈的方式是互相治愈的，而不是彼此伤害的，这一点非常重要。

——贝拉克·奥巴马（Barack Obama）

大多数组织内部领导的沟通可以根据沟通目的划分为以下四类：向团队成员传达坏消息、与团队成员共同庆祝具有里程碑意义的事件、表彰团队成员的个人成就，以及向团队成员公布新的政策或新的战略方向。在每种沟通中都需要领导者使用特定的语言方式，定制独特的沟通方案，并且最大程度地参与沟通，激励团队成员努力工作、勇往直前。

在本章中，一些主题在前面几章已经提到过，包括同理心、真实性和目的性，但是在这里我将把这些主题置于实际的场景之中，供你在行使领导职责遇到类似场景时可以参考。

向团队成员传达坏消息

对领导者而言，向团队成员透露坏的消息，例如，停职、裁员、砍掉一个部门，可以称得上是最困难、最有压力的沟通。然而，领导者传达不受欢迎的信息时，要像医生告知患者坏消息一样，直白坦诚、简明扼要。

以下是对领导者具体的建议：

► 尽量避免模棱两可。员工需要也有权利从领导者那里得到事实，他们不想去猜测事情的真相到底是什么。领导者模棱两可的表述只会导致团队成员犹豫不决、滋生恐惧而不是理解。

► 注意不要向团队成员做过多的承诺。毫无根据的保证和未兑现的承诺最终会损害你的信誉。

► 思考你是不是故意弱化某个坏消息；或者模糊不清、模棱两可地把某个坏消息讲给团队成员听，以便自己能轻松容易地将消息传递下去。试着问问自己：谁会从"减轻某个消息的打击"中受益最大呢？

▶ 在演讲的时候，请使用简单自然的语言，而不是一直盯着脚本看，这样能确保你的话听起来真实可信，而不是像读新闻稿似的一板一眼。这是领导者展现善解人意的关键时刻。

▶ 不要试图将危机事件转危为安，也不要夸大悲剧事件中存在的那"一线希望"。这样可能会显得你作为一名领导者，没有能力或者不太想去真正承认你的团队正处于危难时刻。埃里克·亚维鲍姆告诉我："一名领导者可能会犯的最糟糕的错误就是混淆现实，或者试图粉饰一个糟糕的情况，以'减少团队的恐慌'。当团队成员知道他们可以完全信任其领导者并且充分了解真实情况的时候，他们会更有安全感，也能冷静下来处理问题。如果领导者选择混淆事实，不把真实的情况告诉团队成员，那么在真相最终水落石出时，就会产生另外一个需要处理的危机。"

▶ 可以承认某个消息听起来是难以接受的，但是更要强调的是为什么这个决定对公司及其员工来说是最好的或者说是必要的。

▶ 对团队成员表示感谢（例如，"在这里，我要感谢大家一直以来的合作与理解"），同时要避免长篇大论地谈论做出决策有多困难。以这种方式提及自己可能会让领导者感到宽慰，但是这会将本该是领导者表达对团队成员的同情心转化为团队成员对领导者的同情心。领导者的职责是去支持团队成员的工作，而不是让团队成员反过来支持你。

▶ 一定要提醒你的团队成员，他们可以向你咨询，并且要对大家承诺，你一定会在沟通中做到诚实可靠、坦率直言。有些时候，传达坏消息比不去传达消息更可取。

危机期间的沟通

在危机期间，团队成员更希望听取领导层的意见，而不是官方的或其他可靠的组织的意见。在 2020 年 3 月的爱德曼信任度特别报告《信任与新型冠状病毒》

（*Trust and the Coronavirus*）中显示，63% 的员工表示他们相信领导者在危机期间与他们的沟通，58% 的员工选择相信政府网站，51% 的员工选择相信传统媒体。

既然你的团队成员选择信任你，那么领导者一定要先对危机有彻底的了解，但是不要认为你需要用其他渠道得来的消息以及通知来补充或取代你与团队成员之间的沟通。

在一个事件发生的早期阶段，领导者必须及时提供信息（特别是有关团队成员安全和运营变化的信息），同时要鼓励大家保持冷静，激发大家的应变能力和积极乐观的态度。

请注意前一部分中关于如何向团队成员传达坏消息的相关指导，同时也要考虑以下几条建议：

▶ 一定要抱着相信团队会有所进步的态度来传达信息，而不是觉得团队成员会停滞不前。这意味着在沟通中要尽量多地使用"去做"，而尽量少地使用"不做"，尽量多地去说"我们将会"，尽量少地说"我们不会"。这种积极的方法传达了领导者要带领大家去克服困难而不仅是要避免挑战的态度。

▶ 确认一下，是不是由首席执行官或相关专家来进行此次沟通才能达到最好的效果。

▶ 弄清楚已知和未知之间的区别。与分享坏消息一样，不要粉饰事实或猜测可能发生的事情。领导者与团队成员的公开沟通总是会被记录在案。

▶ 一定要在组织内部分享积极向上的、令人振奋的团队携手前进和成员发挥聪明才智的故事，而且是越多越好。团队成员可能会受到你的启发，因而去模仿其他同事好的行为，也会去学习他们身上的精神。一定要在与团队成员的分享中强有力地解释为什么欣赏这些人和这些事。

处理危机通常是少数高级管理人员的工作，不过，真遇到这类情况时，领导者要尽量承担起并做好传达观点的角色，记住自己是头条新闻和希望的提供者，而不要过多地注意危机的细节以及如何去描述它。

庆祝具有里程碑意义的事件

在组织中发生的具有里程碑意义的事件代表着某个目标的完成，但是通常情况下，它们也代表着整个团队要朝着更远大的目标继续前进。（里程碑的定义本身就表明大家在这个目标完成之后还要去完成下一个目标，还有更长的一段路要走。）

因此，具有里程碑意义的事件是适合团队成员来共同庆祝的重要时刻，同时在这一场合中领导者表达对团队成员的认可也是恰当的。但是，明智的领导者还会利用这个时刻来阐述这一成就对团队工作的启示，以及它是如何与组织的愿景之间相联系的。

领导者可以发出类似这样的提问：这一具有里程碑意义的成就是否催生了新的发展机遇？它是否可以证明团队可以增加项目范围？这项成就中的工作模式能否成为团队成员未来积极工作的正面榜样？

当你与团队成员共同庆祝一个具有里程碑意义的事件时，还可以考虑一下这些建议：

▶ 在庆祝中提及有关这一事件的数据，来加强这一事件的重要性。这样的证据将会非常具有说服力。

▶ 通过提及具体姓名的方式来表达对取得成就的成员和团队的认可及感谢。这种赞赏将展示出你是关心大家的。

▶ 在庆祝中讲述一个有关客户或顾客的具体故事，通过讲故事的方式来说明这一成就对整个人类的影响。这种体现组织人性化的方式能达到引人入胜的效果。

表彰个人

对领导者来说，表彰团队成员中的某个人不仅是简单地勾选一张其值得称赞的成就清单。表彰个人要求领导者能分享获奖者个人的宝贵经验，以及他们对公司品牌、工作本身、工作场所、整个领域乃至整个行业的贡献，还有这些贡献所产生的经久不衰的影响。

以下是一些领导者应在表彰中需要考虑到的重要行动和沟通方式：

▶ 提前考虑好要提到获奖者的哪些成就，只用挑选出与其最相关的、最有意义的和最特殊的成就。在这个表彰大会上，你不是为了讲述获奖者的人生故事，而只是为了解释他们对公司或事业所产生的贡献及影响。

▶ 指出获奖者的个人品质或能力在产生这些结果中所起到的重要作用。

▶ 分享你自己与获奖者之间发生的故事，即使是很小的事情也值得讲述。如果你与获奖者没有什么直接相关的故事，那么就分享一些别人之前告诉你的有关获奖者的故事。

▶ 使用第二人称（例如"你"）而不是第三人称（例如"他 / 她 / 他们"）直接对获奖者进行点评。

▶ 使用一些简洁的笔记来提示自己，但不要写下完整的句子。简短的笔记将有助于保证表彰的真实性，并能与观众进行必要的眼神交流。

公布新的政策或新的战略方向

与团队成员分享组织中新的政策或新的战略方向看似一件很简单的事情，但请记住：作为领导者，沟通的主要责任不仅是通知消息，通知团队成员这件事可能会由不同的管理者来处理，而领导者的职责是激励团队成员努力工作。

以下这些结论将帮助你增强激励的效果：

► 树立大局观：新旧政策之间的变化是什么？谁受到了影响？新的政策何时生效？

► 回答"为什么"：为什么组织要做出这一战略决策？

► 为什么你对这个新方向感到兴奋并充满希望？为什么你的团队成员也应该如此？

► 感谢整个团队的奉献以及团队成员的辛勤工作。

► 团队成员能够以何种方式以及在何处就新的政策分享反馈或者提出问题。

在构建谈话的要点时，请记住：团队成员可能会用不同于你的方式对信息进行优先级排序。例如，如果你分享的是一个重组战略，他们会更关心这个重组战略对他们工作的影响，而不是关于变革的详细商业案例。领导者应该尽早解决这些关键点，并确保此次沟通在充满希望和感激的气氛中结束。

最后一课

沟通是任何领导者所能拥有的最重要的技能。

——理查德·布兰森（Richard Branson）

领导力的发展是一个持续的过程，领导的沟通亦是如此。考虑到个人进步的重要性和不断提升的成长空间，我最后的一条建议是：学习。

观察你所敬佩的领导者的一举一动，并且认真思考他们在沟通中做出的能够吸引和激励你的决策。把它们写下来，然后自己试一试。

更好的做法是：在你进行任何形式的高管间沟通之后，与值得信赖的同事召开一个小型的会议，并且向他们提出以下几个问题：

► 你在这次沟通中收获了什么好的想法？

► 这些想法与正在进行的工作或战略规划有多大关系？具有什么样的意义？

► 在这次沟通中，我给团队成员留下了什么样的印象（比如，树立了权威、表现了真诚、体现了自信）？

► 作为一名沟通者，我做了什么来增强或削弱这些印象的产生？

► 我在沟通中看起来是真实的还是做作的？哪里表现得真实，哪里感觉做作呢？

► 团队成员能理解我所说的吗？他们会欣赏我的观点吗？

这些问题的答案连同本书中的建议，应该可以为你指明正确的方向，并使你能够在逐渐进步的过程中进行必要的修正。

请记住：领导的语言就像是你个人的武器库。要将它运用于更好地参加到团队的工作之中，而不是教育团队成员；领导的语言是为了激励团队成员努力工作，而不是为了给他们留下深刻印象。

明智地使用自己的语言，它将使你笔耕不辍、一针见血、所言即心中所想，而且在每一次的沟通中都能用强大的力量和明确的目标来领导团队成员勇往直前。

这正是领导者要做的事情。

| 推荐阅读书目 |

《成为》(*Becoming*)
米歇尔·奥巴马 (Michelle Obama)
(Crown, 9781524763145, 2021)

《驱动力》(*Drive: The Surprising Truth About What Motivates Us*)
丹尼尔·平克 (Daniel HPink)
(Riverhead Books, 9781594484803, 2011)

An Effort to Understand: Hearing One Another (And Ourselves) in a Nation Cracked in Half (无中文译本)
大卫·穆雷 (David Murray)
(Disruption Books, 9781633310483, 2021)

《英文写作指南》(*The Elements of Style*)
威廉·斯特伦克 & 埃尔文·布鲁克斯·怀特(William Strunk Jr. and E. B. White)
(Auroch Press, 9781989862001, 2020)

《应变力：8种应对万变的超级能力》(*Flux: Superpowers for Thriving in*

Constant Change)

阿普莉尔·琳恩(April Rinne)

(Berrett-Koehler, 9781523093595, 2021)

Garner's Modern English Usage(无中文译本)

布赖恩·加纳(Bryan A. Garner)

(Oxford University Press, 9780190491482, 2016)

《说到点子上!直奔主题,一击必胜的高效沟通手册》(*Get to the Point! Sharpen Your Message and Make Your Words Matter*)

乔尔·施瓦茨伯格(Joel Schwartzberg)

(Berrett-Koehler, 9781523094110, 2017)

《融入:女性、工作和领导意愿》(*Lean In: Women, Work, and the Will to Lead*)

雪莉·桑德伯格(Sheryl Sandberg)

(Knopf, 9780385349949, 2013)

《终身成长:重新定义成功的思维模式》(*Mindset: The New Psychology of Success*)

卡罗尔·德韦克(Carol S. Dweck)

(Ballantine Books, 9780345472328, 2007)

《秘密:管理者的秘诀》(*The Secret: What Great Leaders Know and Do*)

肯·布兰佳 & 马克·米勒(Ken Blanchard and Mark Miller)

(Berrett-Koehler, 9781576754030, 2007)

Speak with Impact: How to Command the Room and Influence Others（无中文译本）

阿利森·沙普拉（Allison Shapira）

(Amacon, 9780814439715, 2018)

《从"为什么"开始：伟大的领导者如何激励行为》(*Start with Why: How Great Leaders Inspire Everyone to Take Action*)

西蒙·斯涅克（Simon Sinek）

(Portfolio, 9781591846444, 2011)

Velocities: New and Selected Poems 1966–1992（无中文译本）

斯蒂芬·多宾斯（Stephen Dobyns）

(Penguin Books, 9780140586510, 1994)

│ 致谢 │

感谢我的妻子安妮对我的爱、支持和指导，同样感谢的还有她惊人的厨艺，让我的身心得到滋养。

感谢我的孩子们，埃文、迈莉和乔西；感谢我的父亲霍华德先生和我的母亲苏珊女士。此外，我还要感谢我的岳父亚伦先生和我的岳母海伦女士，感谢他们长期以来对我的支持。

感谢我的同事们，他们理解我、支持我，也偶尔包容我在提出强烈观点时过于激动的情绪。

感谢我的几只猫咪陪伴我码字直到深夜，尽管它们知道不会有任何食物作为奖励。

感谢尼尔·马耶（Neal Maillet）、迈克尔·克劳利（Michael Crowley）、Jeevan Sivasubramaniam 以及贝尔特科勒出版社团队中其他富有同情心的成员对我的专业指导和信任。

感谢丽贝卡·赖德（Rebecca Rider）和莫琳·福里斯（Maureen Forys），感谢他们对本书的悉心编辑与精美排版。

最后，我要感谢我在美国公共电视网络（PBS）时的老板约翰·西塞洛夫（John Sicelof）。尽管他过早地离开了这个世界，但他绝对是一位富有远见的领导者，他经常支持大家的想法，他对各种思想抱有开放的态度、他真诚的善意以及他对团队和自己坚定的信心，这些都鼓舞了我。

领导力大师系列
— 重磅上市 —
用大师的领导力思想，应对数字时代的深度变革

排名世界第一的领导力大师的传世之作，新东方创始人俞敏洪、清华大学杨斌教授领衔推荐，为你的精彩人生规划一份领导力蓝图。

ISBN：978-7-5043-8934-3
定价：79.00 元

哈佛商学院终身教授，变革领导力之父约翰·科特最新力作。本书堪称变革逻辑的颠覆性创新之作，组织变革和领导力提升的教科书级指南。

ISBN：978-7-5043-8993-0
定价：79.00 元

本书为我们打开了"青色组织"与"自主管理"的大千世界，让各种新型管理做法闪亮登场，带我们领略这些充满生机与活力的组织新型管理实践。弗雷德里克·莱卢郑重推荐！

ISBN：978-7-5043-8984-8
定价：89.00 元